Martin Kamphuis

Buddhismus – Religion ohne Gott

CLV

Christliche Literatur-Verbreitung e. V.
Postfach 11 01 35 · 33661 Bielefeld

2. überarbeitete Auflage 2014
(früher im Verlag SCM Hänssler, Holzgerlingen, erschienen)

Christliche Literatur-Verbreitung
Postfach 11 01 35 · 33661 Bielefeld
Internet: www.clv.de

Satz: CLV
Umschlag: typtop, Andreas Fett, Meinerzhagen
Druck und Bindung: CPI – Ebner & Spiegel, Ulm

Bestell-Nr. 256.156
ISBN 978-3-86699-156-9

Inhalt

Teil 1: Buddhismus – Lehre und Entwicklung

1 Einführung

Vor dem Eingang der Stadthalle in Graz standen etliche tibetische Mönche. »Was halten Sie von dieser Aussage?«, fragte ich einen von ihnen und wies auf ein Schild mit der Aufschrift: »Jesus Christus: Ich bin der Weg und die Wahrheit und das Leben, niemand kommt zum Vater denn durch mich. – Lasset euch versöhnen mit Gott.« Ein bärtiger älterer Mann hielt es täglich auf dem Vorplatz des Gebäudes, in dem der Dalai Lama ein elftägiges Einweihungsritual (Initiation) abhielt, den Tausenden von Teilnehmern entgegen.

Lächelnd antwortete der Mönch: »Das ist doch wunderbar! Jesus ist doch auch ein Buddha!« Wenn es eine muslimische Veranstaltung gewesen wäre, hätte der Mann mit seinem Schild wahrscheinlich nicht so lange dort gestanden. Aber Buddhisten geben sich zumindest in Europa erst einmal tolerant. Die Antwort des tibetischen Mönchs zeigte den Grund seiner Toleranz: Er gab Jesus und Gott einfach einen Platz in seinem, dem ihm bekannten Glaubenssystem.

2 Unwissenheit über den Buddhismus im Westen

Diese Form von »Toleranz« ist auch bei uns sehr verbreitet. Letztendlich ist es aber nur Unwissenheit, wenn Menschen immer wieder argumentieren, dass Buddha doch nur ein anderer Name für Gott sei. Damit ordnen sie – ähnlich, wie der tibetische Mönch es mit Jesus tat – den ihnen unbekannten Begriff »Buddha« in ihren traditionellen Gottglauben ein.

Toleranz in Form von Unwissenheit mag bequem und in gewisser Weise angenehm sein, führt jedoch nicht zu einer verantwortlichen, freiheitlichen und bewussten Entscheidung in Bezug auf die Wahl des Glaubens oder der Religion.

Das Nebeneinander verschiedener Religionen in unserer heutigen westlichen Gesellschaft bringt die Notwendigkeit eines Dialogs mit sich. Sie sollte allerdings nicht zu einer Integration aller Frömmigkeitsübungen führen, die letztendlich in eine universale Religiosität mündet. Damit würde die spezifische Eigenart einer jeden Religion übersehen und ihr Ziel nicht erkannt.

Es fällt auf, dass manche Vertreter fernöstlicher Religionen häufig einen klareren Standpunkt haben als Vertreter des Christentums. So betonte der Dalai Lama im Dialog mit einer Gruppe von Christen den wesentlichen Unterschied zwischen Buddhismus und Christentum, indem er wiederholt klarmachte, dass der Buddhismus keinen Schöpfergott oder persönlichen Erlöser kenne. Er warnte sogar vor Menschen, die sich »buddhistischchristlich« nennen.[1] Dieser weltbekannte Vertreter des Buddhismus und gern gesehene Gast in öffentlichen religionsübergreifenden Foren erkennt die wesentlichen Unterschiede zwischen den Religionen und weiß um die Grenzen des Dialogs besser, als es nach außen hin scheint.[2]

Dieses Buch soll dazu beitragen, sich über Grundlehren des historischen Buddha und das von ihm formulierte Ziel des Buddhismus zu informieren. Erst durch Information besteht die Möglichkeit einer eventuellen Unterscheidung oder eines wahren Dialogs mit Menschen buddhistischer Herkunft oder Prägung.

3 Buddhismus: eine Religion?

»Buddhismus ist doch keine Religion, sondern eher eine Lebensphilosophie oder sogar eine Wissenschaft«, meinte eine Dame ein wenig triumphierend, als sie mit der Frage konfrontiert wurde, ob es gut sei, sich als Christin auf buddhistische Meditationsformen einzulassen. »Buddha hat sich nie anbeten lassen!«

Diese Haltung des historischen Buddha sprach sie offensichtlich so an, dass sie sich überlegte, weitere bud-

1 Dalai Lama, *Das Herz aller Religionen ist eins. Die Lehre Jesu aus buddhistischer Sicht*, übersetzt von Michael Wallossek, 2. Auflage (Hamburg: Hoffmann und Campe Verlag, 1997), S. 14 (Zitat aus dem Vorwort von Robert Kiely).

2 Ebenda, S. 28. Während der Dalai Lama auf einer christlichen Konferenz die Unterschiede zwischen Buddhismus und Christentum nennt, beschreibt der Benediktinermönch Laurence Freeman ein »gemeinsames Fenster zur Wahrheit«.

dhistische Kurse zu besuchen. Obwohl der Buddhismus im Allgemeinen zu den fünf Weltreligionen gezählt wird, hört man immer öfter unüberprüfte Pauschalaussagen wie diese. Was sind nun wesentliche Merkmale einer Religion?

Ein älteres Wörterbuch bezeichnet Religion schlicht als »Gottes(ehr)furcht«[3]. Im Rahmen dieser Definition dürfte der Buddhismus tatsächlich nicht als Religion bezeichnet werden, da er die Existenz eines ewigen Gottes ablehnt.

Ein Lexikon definiert Religion folgendermaßen: »das positive Verhalten, sowohl des Einzelnen als auch einer gesellschaftlichen Gruppe, gegenüber einer überweltlichen und zugleich weltüberlegenen Macht«[4].

In dieser Definition ist die fernöstliche Religiosität in Form des Buddhismus miteinbezogen. Die überweltliche oder weltüberlegene Macht drückt sich zwar nicht in einem externen Gott aus, wohl aber in einem perfekten Zustand, nämlich dem Zustand der Erleuchtung, der auch *Bodhi* genannt wird. (Das Wort *Buddha* ist von diesem Wort abgeleitet.) In diesem Zustand wird nach einer Einheitserfahrung gestrebt und nicht nach einer Begegnung mit einem Gott außerhalb des Menschen. Die Einheitserfahrung liege jedoch jenseits aller Erfahrungen dieser Welt. In diesem Sinne kann sie als »überweltliche Macht« bezeichnet werden. Der Same für diesen Zustand sei allerdings bereits im Inneren

---

3 *Das neue deutsche Wörterbuch für Schule und Beruf.* München: Heyne Verlag, 1996, S. 757.

4 *Goldmann Lexikon*, »Religion«. München 1990, S. 137

eines jeden Menschen als sogenannte »Buddhanatur« vorhanden.

Im Allgemeinen ist Religion auf ein oder mehrere unsichtbare Wesen oder eine überweltliche Realität ausgerichtet. Um diese zu ehren, günstig zu stimmen oder sich mit ihnen einszumachen, werden sie angebetet oder es werden rituelle Handlungen ausgeführt. Diesen allgemeinen Annahmen zufolge (denen ich mich anschließe) wird Religion nach zwei Hauptmerkmalen definiert:

1. Es handelt sich um ein außerweltliches Ziel.
2. Es handelt sich um Bemühungen des Menschen, das vorgegebene Ziel zu erlangen.[5]

In vielen asiatischen Ländern sehen wir Menschen, die Buddha-Statuen anbeten. Der historische Buddha lehnte zwar tatsächlich die Anbetung seiner Person ab, behauptete aber, dass seine Gebeine als Reliquien anbetungswürdig wären. Da Buddha-Statuen häufig Reliquien beinhalten und durch diese besonderen Segen und Kraft erhalten sollen, ist auch deren Anbetung in Buddhas Sinne. Nicht nur Reliquien sind für den Buddhisten ehrfurchtgebietend. Auch die Buddha-Statuen selbst sollen ehrfürchtig betrachtet werden; denn sie seien eine Erinnerung an das zu erlangende Ziel, den

5 Zu einer Definition von Religion könnte noch gehören: Religion bietet den Menschen eine Erklärung für ihre Welt, vermittelt moralische Werte, gibt Antwort auf wesentliche Lebensfragen, bietet einen Sinngrund, etc. Als Autor zähle ich zu Religion nur, wenn ein Zugang zu einem überweltlichen Wesen oder Zustand angestrebt wird.

Zustand der Erleuchtung. Anstelle von »Gottes(ehr-)furcht« kann hier die Ehrfurcht vor dem überweltlichen Zustand *Bodhi* stehen. Wenn *Bodhi* als Ersatz für Gott betrachtet werden würde, wäre der Buddhismus sogar Religion im Sinne der ersten Definition.

3.1 Anbetung und Persönlichkeitsmerkmale des Buddha

Anbetung spielt im Buddhismus eine viel größere Rolle, als allgemein angenommen wird. Durch das Anbeten einer Buddha-Statue soll eine Kraft oder ein Segen auf den Betenden übertragen werden. Gerade das Anbeten solch einer Statue erweckt den Anschein, als würde der Mensch sich einem Wesen zuwenden. Wie aber bereits gesagt wurde, handelt es sich im Grunde genommen jedoch nicht um ein äußeres Wesen, sondern um die jedem Menschen, jedem Tier und jedem Gegenstand innewohnende Buddhanatur. Ihre völlige Entfaltung soll zu dem perfekten Zustand der Erleuchtung, also dem *Bodhi*, führen. Da der Zustand *Bodhi* mit Worten nicht zu beschreiben ist – denn es bedeutet eine vollkommene Auflösung des Ichs, in dem es auch kein Bewusstsein mehr geben soll –, weiß der Buddhist nicht genau, wie das Ziel seines Strebens aussieht. Es wird behauptet, dass dieser Zustand sowohl von innen, aus ihm heraus, als auch von außen über ihn kommen könne. Im Sinne unserer oben angeführten Definition wäre die buddhistische Versenkungsmeditation die Anbetung dieses inneren perfekten Zustands.

In späteren Strömungen des Buddhismus hat die

übersinnliche Macht des Buddha in gewisser Weise Persönlichkeitsmerkmale; denn es wird angenommen, dass sie auch von sich aus wirksam sei. Sie könne zum Beispiel helfend eingreifen, wenn eine Person sich ihr zuwende.

3.2 Fazit

Zusammengefasst muss gesagt werden, dass es aufgrund all dieser Merkmale zu wenig wäre, den Buddhismus nur als eine Wissenschaft oder eine Lebensphilosophie zu bezeichnen. Denn diese beiden Begriffe beschreiben hauptsächlich innerweltliche Phänomene, die mit dem Verstand nachvollziehbar sind. Daran ist ein Buddhist jedoch überhaupt nicht interessiert;[6] denn alles Sichtbare ist für ihn letztendlich Illusion. Da das Ziel des buddhistischen Strebens jenseits aller Erfahrungen in dieser Welt liege, sei es mit dem Verstand nicht zu erfassen, sondern habe das Leben dieser Welt völlig hinter sich gelassen (transzendiert).

In dem Sinne, dass der Buddhismus 1) ein außer- oder überweltliches Ziel anstrebt, welches zwar keinen Gott kennt, sondern einen transzendenten Zustand namens *Bodhi* meint, und sich 2) Menschen von ihrer Seite aus im Glauben daran bemühen, das vorgegebene Ziel zu erlangen, muss er als eine Religion betrachtet werden. Wie dieses Bemühen stattfinden soll, ist in

6 Edward Conze, *Der Buddhismus: Wesen und Entwicklung*, 10. unveränderte Auflage (Stuttgart, Berlin, Köln: Kohlhammer, 1995), S. 13: »Die buddhistische Tradition würde die Erforschung der Wirklichkeit als eine bloße Zeitverschwendung ansehen.«

»heiligen Schriften« in Form von Geboten, Regeln und Ritualen genau vorgegeben. Ein festgelegtes Schrifttum, welches Glaubensgrundlagen und Wegweisung für ein Leben zu dem jeweiligen Ziel der Religion bietet, ist ein weiteres Kennzeichen einer (Welt-)Religion.[7]

4 Die Schriften des Buddhismus

Der sogenannte Pali-Kanon wird allgemein als Maßstab der Lehre Buddhas akzeptiert. Frühestens 200 Jahre nach dem Tod des historischen Buddha wurde mit der schriftlichen Verfassung dieses Kanons begonnen. Bis dahin existierten nur mündliche Überlieferungen. Der Umfang des Pali-Kanons ist beträchtlich.[8] Im Vergleich zu ihm ist die Bibel nur ein kleines Buch. Der Pali-Kanon ist im *Tipitaka* überliefert, was »drei Körbe« bedeutet, weil ceylonesische Mönche die Texte in drei Körben aufbewahrten.

Die drei Körbe mit den umfangreichen Texten sind:[9]

1. *der Korb der Ordnung (Vinaja-Pitaka)* mit Texten über die Ordensregeln des Mönchtums;

---

7 Judentum, Christentum, Islam, Hinduismus und Buddhismus sind die fünf größten Weltreligionen und haben eine auf alle Menschen bezogene Heilslehre, die in schriftlicher Form vorliegt. Alle beschreiben ein über- oder außerweltliches Ziel und breiten sich missionarisch aus.

8 Gottfried Mai, *Buddha – Die Illusion der Selbsterlösung*, 2. Auflage (Berneck: Schwengeler, 1989), S. 17. Die 1881 in London gegründete *Pali Text Society* hat den Tipitaka mit Pali-Texten in lateinischer Umschrift in 170 Bänden veröffentlicht.

9 Mai, *Buddha*, S. 18.

2. *der Korb der Lehrvorträge (Sutta-Pitaka)* mit Lehrreden Buddhas, Erzählungen aus seinem Leben und aus früheren Inkarnationen sowie Liedern der frühen Mönche und Nonnen;
3. *der Korb der höheren Lehre (Abhidamma-Pitaka)* mit philosophisch-scholastischen Lehrtexten.

Wann und wie der historische Buddha gelebt hat, lässt sich im Gegensatz zum Leben Jesu geschichtlich nicht nachweisen. Trotzdem enthalten die Schriften des Pali-Kanons – ebenso wie die Evangelien – Grundlagen der Lehre; und das Leben des historischen Buddha hat Vorbildcharakter.

5 Das Leben des historischen Buddha

Der historische Buddha lebte etwa von 560 – 480 v. Chr. (neueren Forschungen zufolge möglicherweise auch ein Jahrhundert später). Er war Sohn eines Kleinfürsten *(Raja)*. Sein Familienname war *Shakyamuni* (»Sohn der Shakya«), sein Vorname *Siddhartha*, dem er selbst später den Namen *Gautama* hinzufügte. Er wuchs als Hindu auf.

Nach Aussagen einer Legende soll ein Prophet während Siddharthas Geburt diesen entweder als zukünftigen Weltbeherrscher (mächtiger Fürst) oder Weltüberwinder (Heiliger) gesehen haben.

Weil sein Vater dieser Beschreibung zufolge vermeiden wollte, dass aus ihm ein Heiliger würde, wollte er ihn zu einem starken weltlichen König erziehen und ließ ihm alles zukommen, was seine Seele würde stärken können. Er führte ein Leben im Luxus und wurde bewusst von allem Leid ferngehalten. Kranke und alte Menschen bekam er nicht zu Gesicht. Siddhartha gab sich jedoch nicht mit dem Leben in diesem goldenen Käfig zufrieden und bat seinen Vater, sich dessen Reich anschauen zu dürfen.

5.1 Die Legende von den vier Ausfahrten

In der »Legende von den vier Ausfahrten«[10] wird berichtet, wie sein Leben daraufhin eine entscheidende Wende nahm.

Die Geschichte beginnt damit, dass Siddhartha einen alten Mann am Wegrand entdeckte. Dieser Mann war: »… abgelebt, gekrümmt wie Dachsparren, gebückt, auf eine Krücke gestützt, schlotternden Ganges dahinschleichend, siech …«[11] Bestürzt erfährt er, dass auch er einmal alt werden kann.

Die zweite Ausfahrt konfrontiert ihn dann mit einem kranken Mann, der »… elend, schwer leidend, sich in eigenem Kot und Urin herumwälzte …«[12]

Die tiefste Erschütterung erlebte er jedoch bei einer dritten Ausfahrt, als ein Toter auf einer Bahre vorbeigetragen wurde. Auf die verzweifelte Frage des Prinzen,

10 Mai, *Buddha*, S. 40.

11 Nyanatiloka, *Der Weg zur Erlösung: In den Worten der buddhistischen Urschriften.* Ausgewählt, übersetzt und erläutert von Nyanatiloka, Buddhistische Handbibliothek, Bd. 8 (Konstanz: Verlag Christiani, 1956), S. 22.

12 Nyanatiloka, *Der Weg*, S. 23.

ob auch sein Leben einmal so enden müsse, antwortete der Diener wiederum, dass ein Mensch unvermeidlich dem Tod entgegengehe, weil er einen sterblichen Leib habe.

Die alte, die kranke und die tote Person werden von Buddha später unter der Bezeichnung »die drei Himmelsboten«[13] zusammengefasst. Durch diese Boten sei er für die Wahrheit des Leidens erwacht, die allem Leben zugrunde liegen würde, auch wenn es viele gute Erfahrungen gebe.

Während einer vierten Ausfahrt begegnete ihm dann ein Bettelmönch *(Sadhu)*, der aus dem gleichen Erwachen heraus bereits Konsequenzen gezogen und Haus und Familie verlassen hatte. Der Mann sagte ihm:

> »Ich forsche … nach dem Glück dessen, was nicht verfällt und untergeht, was keinen Beginn des Daseins kennt, was Feind und Freund mit Gleichmut betrachtet, nach Reichtum und Schönheit nicht fragt.«[14]

Siddhartha fasste den Entschluss, ebenfalls sein Haus, seinen Palast zu verlassen. Über Nacht ließ er sein üppiges Leben, seine Frau und seinen gerade erst geborenen Sohn hinter sich.

Das Bewusstwerden der Tatsache dieses unumgänglichen Leidens wird als eine Triebfeder gesehen, die Sid-

---

13 Nyanatiloka, *Der Weg*, S. 23f.

14 Johannes Lehmann, *Buddha* (Frankfurt: 1983), S. 40ff. Zitiert in Mai, *Buddha*, S. 43.

dhartha bewegte, sein Leben als junger Prinz zu hinterfragen und sich auf eine intensive Suche zu machen.

6 Karma und Wiedergeburt

Gemäß der buddhistischen Lehre war nicht nur die Schockerfahrung über das unumgängliche Leiden in dieser Welt die Triebfeder für Siddharthas Suche, sondern auch sein positives *Karma* aus vorherigen Inkarnationen.

Zum Buddhismus gehört der Glaube an Reinkarnation (Wiedergeburt) und Karma. Mit *Karma* ist wörtlich »Tat« gemeint. Es bedeutet einen Tun-Ergehens-Zusammenhang, nach dem Motto: »Was der Mensch sät, wird er im nächsten Leben ernten.«

Erst nach seiner Erleuchtung soll Siddhartha erkannt haben, dass er bereits als Tier gelebt und sich z. B. als Antilope einem hungrigen Löwen hingegeben habe. Solche aufopfernden Taten sollen ein *positives Karma* entwickeln.

Karma ist nur begrenzt mit unserem Begriff *Schicksal* gleichzusetzen; denn jedes Wesen, ob es sich dessen bewusst ist oder nicht, ist gemäß der Lehre des *Karma* selbst verantwortlich für seine Situation.

Die Übersetzung mit *Schuld* wäre ebenso mangelhaft. Schuld steht immer im Zusammenhang mit einem Richter oder einem, an dem man schuldig wird. Gemäß der Lehre des *Karma* ist es aber so, dass derjenige, der

z. B. eine andere Person tötet, zwar sich selbst negatives *Karma* auflädt, dem anderen gegenüber jedoch nicht schuldig wird; denn dessen frühere Vergehen (z. B. Mord) verursachten dessen Tod in *diesem* Leben.

Die Auswirkungen von negativem *Karma* müssen getragen oder durchlitten werden – wenn nicht in dieser, dann wohl in einer nächsten Existenz. Buddha lehrte seine Mönche, das Gesetz des *Karma* sei so eisern, dass »kein Asket, Priester oder Himmelswesen, kein Gott noch Teufel, noch irgendeiner in der Welt … jenes böse Wirken *(Karma)* …«[15] verhindern könne.

Die Schuld am eigenen *Karma* kann nie ausgelöscht werden, sie kann nur durch positive Taten überwunden werden. Nach der Lehre zwingt das *Karma* in die nächste *Wiedergeburt*. Wer sich z. B. tierisch verhält, kreiert das Karma (schafft die Voraussetzung dafür), im nächsten Leben als Tier wiedergeboren zu werden.

6.1 Wesensklassen für Wiedergeburten

Buddhisten unterscheiden sechs Wesensklassen, in die man wiedergeboren werden kann. Diese Klassen sind: Götter, Halbgötter, Menschen, Tiere, hungrige Geister und Höllenwesen. Götter leiden am wenigsten und Höllenwesen am meisten. Da das Maß des Leidens der Menschen genau in der Mitte liege, seien sie am ehesten motiviert und in der Lage, zur Erleuchtung zu gelangen.

Nach der Lehre des Buddhismus muss der Mensch so lange in dem *Rad der Wiedergeburt (Samsara)* blei-

15 Nyanatiloka, *Der Weg*, S. 24f.

ben, bis er erleuchtet ist. Der Begriff *Reinkarnation* bedeutet »wieder in das Fleisch kommen«. Er deckt die buddhistische Bedeutung der *Wiedergeburt* jedoch nicht ganz ab. Denn die Wesensklassen der Götter und der Geister haben keinen materiellen Körper.

Auch der hier im Westen viel verwendete Begriff *Seelenwanderung* ist für das buddhistische Verständnis unangebracht, da bei der Verwendung dieses Begriffs davon ausgegangen wird, dass es eine Seele gibt, einen unsterblichen Wesenskern, der sich eventuell in einem nächsten Körper weiterentwickeln könne. Buddhisten gehen jedoch nicht davon aus, dass es eine Seele gibt. Für sie sind sowohl der erleuchtete Zustand *Bodhi* als auch die Wesen in sich völlig leer. Das, was sich zwangsläufig inkarniert, sei das *Karma*.

Ein Buddhist strebt – im Gegensatz zu den Esoterikern – nicht danach, sich zu reinkarnieren, sondern er steuert den Zustand der vollkommenen Ich-Auflösung an.

7 Die Erleuchtung Siddharthas

Nachdem der 30-jährige Prinz Siddhartha alles verlassen hatte und Bettelmönch *(Sadhu)* geworden war, gab er sich zusammen mit fünf Gefährten der Meditation und strengster Askese hin. Er soll über mehrere Jahre nur noch von einem Reiskorn im Monat gelebt haben. Sehr geschwächt, wurde er einmal beim Baden fast vom Fluss mitgerissen und entschied sich dann, den sogenannten *mittleren Weg* zu gehen. Dieser Weg soll die Mitte zwischen extremer Askese und extremer Weltergebenheit halten.

Von nun an begab er sich in die Versenkungsmeditation. Sitzend unter einem Baum durchlebte er zunächst eine ganze Reihe okkulter Anfechtungen. In Visionen sah er Göttinnen *(Maras)*, die ihm verführerische, aber auch zerstörerische Angebote machten. Danach durchwanderte er verschiedene Stufen der inneren Versenkung.[16] Am Ende erfuhr er einen Zustand absoluten Gleichmuts. Alle Empfindungen von Glück, Leid, Klarheit und Reinheit hatten aufgehört. In diesem Moment soll sich die persönliche Existenz des Siddhartha in dem großen *Nichts* (oder der *Leere*) aufgelöst haben.

7.1 Erleuchtung = Nichts oder Leere

Die Wörter *Nichts* oder *Leere* beziehen sich auf die *Leerheit* aller Phänomene (Sanskrit: *Shunyata*). Dies bedeutet, dass es allen Phänomenen an einem Wesenskern bzw. an Beständigkeit mangelt. Im Kern seien alle Dinge und Wesen *leer*, ohne eigenständige Existenz. Dieses zu erkennen oder zu erfahren, sei das erstrebenswerte Ziel. Buddha machte seinen Jüngern klar, dass jede Beschreibung des Zieles unzulänglich sei, denn jede Beschreibung vermittle den Anschein, als gäbe es etwas Wirkliches. Der erleuchtete Zustand könne nur erfahren und nicht aus einem Abstand betrachtet werden.

16 Es soll vier Versenkungsstufen gegeben haben. Siehe Hans-Joachim Schoeps, *Religionen – Wesen und Geschichte* (München 1979), S. 199.

Als Buddha erklärte Siddhartha seinem vertrautesten Jünger Shariputra das Verharren in diesem Zustand mit den Worten aus dem sogenannten Herz-Sutra.[17] Dieser Text wird von vielen Buddhisten noch heute täglich rezitiert:

> »Shariputra, auf diese Weise sind alle Phänomene leer – ohne Eigenschaften (...) Daher, Shariputra, gibt es in der Leerheit keine Formen, keine Empfindungen, keine Wahrnehmungen, keine geistigen Formkräfte, kein Bewusstsein, keine Augen, keine Ohren, keine Nase, keine Zunge, keinen Körper, keinen Geist, keine Formen, keine Töne, keine Gerüche, keine Geschmäcker, keine berührbaren Objekte, keine (anderen) Phänomene.«[18]

Der erlangte Zustand, auch »Vollkommenheit der Weisheit« genannt, wird mit Begriffen wie *Leerheit*, *Erleuchtung*, *Nirwana* oder *Bodhi* (bzw. *Buddha*) beschrieben. Das Erfahren dieses Zustands wird nur in Bildern angedeutet. So soll z. B. die Person wie eine Kerze verlöschen und sich im kosmischen *Nichts* auflösen.

7.2 Die Erde als Zeuge der Erleuchtung

Siddhartha soll 35 Jahre alt gewesen sein, als er die Erleuchtung in Bodhgaya sitzend und meditierend

17 Ein Sutra (wörtlich: »Richtschnur« oder »Leitfaden«) besteht aus unterschiedlichen Lehrreden Buddhas, vgl. Klaus-Josef Notz, »Sutra«, *Das Lexikon des Buddhismus (DLdB) N-Z*, S. 443.

18 Dalai Lama, *Der Weg zum Glück*, S. 115-118. »Dieses Herz-Sutra wird in allen buddhistischen Ländern des ›großen Fahrzeugs‹ rezitiert und meditiert.«

unter einem Bodhi-Baum erlangte. Als Menschen Genaueres über das Ereignis seiner Erleuchtung wissen wollten, berührte er nur mit einer Hand die Erde und meinte: »Die Erde ist mein Zeuge.« Daraufhin soll die Erde gebebt haben.

In der Zeugenschaft der *Erde* über Siddharthas Zustand der Erleuchtung liegt übrigens ein großer Unterschied zu Jesus Christus. Als dieser nach seiner Taufe aus dem Wasser auftauchte, bezeugte ihm eine Stimme aus dem *Himmel* und sagte: »Dieser ist mein geliebter Sohn, an dem ich Wohlgefallen gefunden habe.«[19]

Was Siddhartha geschah, war laut Selbstbeschreibung einzigartig. Es hieß, er hätte aufhören können zu leben. Während er noch darüber unsicher war, soll ihm eine der höchsten Gottheiten des indischen Himmels, *Brahma Sahampati*, in einer Vision erschienen sein und ihn flehentlich gebeten haben, doch seine erhabene Lehre zu verkündigen.[20]

8 Die Vier Edlen Wahrheiten des Buddhismus

Die Gefährten Siddharthas (er trug von nun an den Titel *Buddha*) spürten seine spirituelle Kraft und baten ihn, seine Sache zu erläutern. Damit begann seine öffentliche Lehrtätigkeit als Buddha.

---

19 *Die Bibel*, Matthäus 3,17.

20 Die Begebenheit steht im Mahavagga des Vinaya-Pitaka (Korb der Mönchsordnungen) 1,39; 1,61; 1,68 und 1,71; zitiert in Mai, *Buddha*, S. 73f.

Seine erste Predigt beinhaltete die Lehre der *Vier Edlen Wahrheiten*. Sie ist die Grundlehre des Buddhismus. Alle heutigen buddhistischen Strömungen, wie unterschiedlich sie auch sind, stützen sich auf diese Lehre.

Die Lehre der *Vier Edlen Wahrheiten* wurde nach altem indisch-medizinischen Brauch in der Form von Diagnose und Verordnung gefasst. Nach diesem Muster heißt es in den *Vier Edlen Wahrheiten*:

1. Alles Leben ist Leiden (Erkennen der Krankheit).
2. Ursache dieses Leidens sind die Begierden (Ursache der Krankheit).
3. Das Leiden wird aufgehoben durch die Befreiung aus den Begierden (Mittel zur Beseitigung der Ursache).
4. Weg zur Aufhebung des Leidens ist der heilige achtfache Pfad (Verordnung zur Beseitigung der Krankheit).[21]

8.1 Die erste Wahrheit

Das Leiden allen Lebens erklärt Buddha mit folgenden Worten:

> »Geburt ist Leiden, Altern ist Leiden, Sterben ist Leiden, Sorge, Klage, Schmerz, Trübsal und Verzweiflung sind Leiden, mit Unliebem vereint sein ist Leiden, von Liebem getrennt sein ist Leiden …«[22]

21 Nyanatiloka, *Der Weg*, S. 13.

22 Ebenda, *Der Weg*, S. 15. Laut Buddha bedeutet sogar das Erfreuliche, Angenehme letztlich Leiden, weil es unerfüllte Wünsche hinterlässt und so eine Wiedergeburt bewirkt und demzufolge neues Leid produziert.

Alles, was überhaupt existiert, ist letztlich dem universalen Leiden unterworfen! Die Folge dieses unendlichen Leidens ist das Vergießen von weitaus mehr Tränen, »als sich Wasser in den vier Weltmeeren befindet«.[23]

Diese schockierenden Vorstellungen sollten seine Zuhörer aufwecken und ihnen die »Krankheit« vor Augen stellen, um genügend Motivationskraft zu entwickeln, den mühsamen Weg zur Erleuchtung anzutreten.

Der Buddhismus präsentiert sich im Westen meistens in einer seichteren Form. Das Erkennen der Realität des Leidens wird kaum gelehrt. Es wird eher zum Praktizieren buddhistischer Methoden gelockt oder motiviert, indem Erfahrungen von Glück, Ruhe oder Einheit versprochen werden. Doch wird der ernsthaft Praktizierende irgendwann diese Aussage über das alles umfassende Leiden als »Wahrheit« anerkennen müssen. Für den Buddhisten ist Leiden immer ein Ausdruck des unerlösten Zustands, dem es zu entfliehen gilt.

8.2 Die zweite Wahrheit

Sie beschreibt die Entstehung des Leidens:

> »Was aber, ihr Mönche, ist die edle Wahrheit von der Leidensentstehung? Es ist eben jenes wiederdaseinserzeugende, von Lust und Gier begleitete, sich hier und da erfreuende Begehren …«[24]

---

23 Nyanatiloka, *Der Weg*, S. 25. Auf ähnliche Weise beschreibt er das unendliche Leiden des Menschen, indem er seinen Mönchen einen unendlichen Blutstrom von vergossenem Blut vor Augen malt.

24 Ebenda, *Der Weg*, S. 17.

Für Buddha war es offensichtlich unwichtig, woher genau Leben, Leiden und Begehren kommen. Er stellte einfach deren Existenz fest und suchte in seinem pragmatischen Ansatz nach einem veränderbaren Glied in der Kette. Er hob das Begehren einfach als veränderbare Ursache des Leidens hervor. Durch Begehren würden Zank, Zwist, Streit, Lüge, Verleumdung, Hurerei etc. entstehen. Diese würden ein entsprechendes Karma und ein neues leidvolles Leben auslösen.

Neben dem sinnlichen Begehren beschreibt Buddha das Begehren, »da zu sein«, und das Begehren, »nicht da zu sein«.[25] Beides hatte er erlebt: das erste in seinem üppigen Hofleben, das zweite auf dem Weg der extremen Askese. Der Wunsch nach Beendigung des Leidens war in ihm und seinen Gefährten zur puren Gier geworden.[26] Auch diese Gier musste noch verschwinden.

8.3 Die dritte Wahrheit

Gemäß dieser Wahrheit entsteht Befreiung vom Leiden nur durch das Aufheben der Ursache, nämlich der Begierden. Nach Buddhas Lehre wurzeln Gier, Lust oder Begehren in allem, »was es da in der Welt an Lieblichem und Angenehmem gibt«.[27]

Das Liebliche und Angenehme der Welt besteht einerseits aus Formen, Tönen, Düften, Säften etc., die

---

25 Vgl. Nyanatiloka, *Der Weg*, S. 18. Das Wort *Begehren* wird unterteilt in sinnliches Begehren (Verlangen nach Erfahrungen durch die Sinnesorgane), Daseins-Begehren (Verlangen nach ewigem Dasein) und Nichtsein-Begehren (Verlangen nach der Vernichtung des Ichs nach dem Tod).

26 Mai, *Buddha*, S. 121. »Gewaltsame Auslöschung des Lebens führt keineswegs zur Erlösung, sondern ist ebenfalls Gier …«

27 Nyanatiloka, *Der Weg*, S. 17.

auf den Menschen einwirken. Andererseits besteht es auch aus den Sinnesorganen der Menschen selbst, wie Auge, Ohr, Nase, Zunge etc. Somit sollte sich der Suchende nicht nur aus der äußeren Welt des Lieblichen und Angenehmen zurückziehen, sondern auch aus der inneren Welt der Wahrnehmungen und Vorstellungen.

Rückzug aus der äußeren Welt könnte z. B. der Eintritt in einen Mönchsorden sein. Rückzug aus der inneren Welt geschieht nach buddhistischer Vorstellung in der Meditation. Das bedeutet, alle aufkommenden Gedanken loszulassen und sich z. B. auf ein einfaches Objekt, wie etwa eine Buddha-Statue, zu konzentrieren. Letztlich muss jedoch jedes Objekt als Anhaltspunkt des Bewusstseins aufgegeben werden.

8.4 Die vierte Wahrheit

In ihr beschreibt Buddha den Weg zur Aufhebung des Leidens. Sie wird der *heilige achtfache Pfad* genannt, weil sie acht Punkte aus dem Leben eines Menschen herausgreift, deren *rechte* Beachtung den Weg zur Erleuchtung öffnen. Darum beginnen auch alle Punkte mit dem Wörtchen *recht*:

> *rechte* Anschauung, *rechte* Gesinnung, *rechtes* Reden, *rechtes* Handeln, *rechtes* Leben, *rechtes* Streben, *rechtes* Denken, *rechtes* Sichversenken.

Was mit *recht* gemeint ist, wurde den Mönchen in nüchterner, analytischer Art und Weise gelehrt. Diese Lehren sind später in den Schriften festgelegt worden. Entgegen der Meinung vieler westlicher Menschen gibt es eine Flut von Regeln und Vorschriften, an die ein praktizierender Buddhist sich zu halten hat.

Alle Ebenen des Seins werden genauestens unter die Lupe genommen. Nur durch eine exakte innere Prüfung kann das Streben in Richtung Erleuchtung gelenkt werden. Dieses Prüfen oder genaue meditative Beachten innerer Vorgänge könnte man kritisch auch als »Nabelschau« bezeichnen.

9 Die Entwicklung des Buddhismus

Zwei wichtige Merkmale des Hinduismus, die Siddhartha später in seiner neuen Lehre verwirft, sind:

1. der Glaube an eine Vielzahl von Göttern *(Polytheismus)*;
2. die Klassengesellschaft *(Kastensystem)*, die besagt, dass nur Menschen aus den höchsten Kasten der Priester *(Brahmanen)*, der Fürsten oder der Krieger *(Kshatriyas)* in das *Nirwana* (Zustand der Erleuchtung) eingehen können.

Buddha lehrte, dass alle Menschen, die ernsthaft seinen Weg gehen, Erleuchtung erlangen können.

Der Polytheismus und das Kastensystem bilden die Grundlagen für den Hinduismus. Indem diese Grundlagen von Buddha verworfen wurden, entwickelte sich der Buddhismus über eine reine Reformbewegung des Hinduismus hinaus zu einer eigenständigen Religion.

In den ersten zwei Jahrhunderten nach dem Tod des Buddha ging seine Lehre nicht über die Bewegung eines neuen Mönchs- und Nonnenordens hinaus. Dies veränderte sich jedoch, als der hinduistische König Asoka (268 – 232 v. Chr.) Buddhist wurde. Da er seinen Machtbereich durch viele Eroberungen in Nordindien sehr ausgedehnt hatte, verbreitete sich auch der Buddhismus dementsprechend.

Asoka soll seine Untertanen zu Gewaltlosigkeit, Freigebigkeit, Mitleid etc. aufgerufen und ein Verbot von Tieropfern erlassen haben. Einerseits gilt Asokas Politik »als beispielhafter Versuch, Machtinteressen mit den Anforderungen einer hohen Moral auszugleichen«.[28] Andererseits soll er den Buddhismus als Staatsreligion aufgerichtet und sein Volk und die von ihm eroberten Völker gezwungen haben, Buddhisten zu werden.

König Asoka bezeichnete sich selbst als Laienbuddhist. Er setzte durch, dass nicht nur Mönche und Nonnen, sondern auch männliche und weibliche Laien zur buddhistischen Gemeinschaft *(Sangha)* gezählt werden konnten.

9.1 Das buddhistische Glaubensbekenntnis

Laien konnten in die *Sangha* aufgenommen werden, wenn sie ihren Glauben an die sogenannten drei Schätze

28 Hans Peter Müller, »Asoka Maurya«, in: *Das Lexikon des Buddhismus* (*DLdB*) *A-M*, Hrsg. Klaus-Josef Notz (Freiburg im Breisgau: Herder, 1998), S. 57-58; S. 57.

oder Juwelen bekundeten. Das bedeutete, dass sie in einer feierlichen Zeremonie Folgendes aussprachen:

- »Ich nehme meine Zuflucht zu *Buddha* (Erleuchteter).«
- »Ich nehme meine Zuflucht zu *Dharma* (Lehre).«
- »Ich nehme meine Zuflucht zu *Sangha* (Glaubensgemeinschaft).«

Diese Sätze werden auch heute noch gesprochen, wenn Menschen Buddhisten werden. Indem eine Person Zuflucht zu den drei Schätzen oder Juwelen nimmt, drückt sie ihr Vertrauen aus:

- Vertrauen in Buddhas Kompetenz als Erlösungslehrer. Dabei ist nicht seine Person, sondern seine Funktion als Wegweiser gemeint;
- Vertrauen in *Dharma* und in das Bemühen (durch die innewohnende Buddhanatur), diese Lehre auf ihren Wahrheitsgehalt zu prüfen;
- Vertrauen in *Sangha*, d. h. darauf, dass es auch andere gibt, die sich auf dem Weg befinden.

Diese allgemeine Zufluchtsformel wird aber nicht nur, wie im Islam, bei der Aufnahme in die Gemeinschaft der Gläubigen ausgesprochen, sondern täglich vor oder nach Opferzeremonien oder Meditationssitzungen laut rezitiert. Dieses Glaubensbekenntnis ist noch heute der größte gemeinsame Nenner der weltweiten buddhistischen Glaubensgemeinschaft.

10 Die drei Hauptströmungen des Buddhismus

Der Anspruch des historischen Buddha war auf eine Gruppe motivierter Jünger ausgerichtet gewesen, die ihr Leben den erforderlichen Praktiken völlig weihten. Diese Gruppe erschien fast wie eine neue geistliche Gesellschaftsklasse *(Kaste)*. Im Verlauf der folgenden Generationen ließ die anfängliche Hingabe jedoch nach. Buddha hatte bereits vorausgesagt, dass die moralischen und disziplinarischen Fähigkeiten des Menschen degenerieren würden.

Schon auf dem zweiten buddhistischen Konzil in Vesali 386 v. Chr. zeigte sich dies. Da spaltete sich die Gemeinschaft in zwei Gruppen: in die konservativeren *Theravadin* und in die liberaleren *Mahasanghikas*. Aus der letzteren entwickelte sich der heute bekannte *Mahayana*-Buddhismus, der erst zum Anfang unserer Zeitrechnung klarere Gestalt annahm. Erst ein paar Hundert Jahre später entstand dann noch eine weitere Strömung, nämlich der *Tantra*-Buddhismus.

Im Folgenden sollen diese drei größeren Strömungen innerhalb des Buddhismus dargestellt werden.

10.1 Hinayana- oder Theravada-Buddhismus

Hinayana bedeutet »kleines *(hina)* Rad oder Fahrzeug *(yana)*«; *Theravada* meint »Schule der Älteren«. Diese Schule stützt sich am meisten auf die ursprünglichen Lehraussagen des historischen Buddha. Ein Anhänger des *Hinayana* bewandert den oben genannten *heiligen achtfachen Pfad*, wobei es sich bei diesem Bewandern um die genaue Beachtung der Vorschriften handelt. Durch Selbstzucht und (meditative) Erkenntnis soll der Mensch die Leidensursachen Gier, Hass und Unwissenheit aufheben. Nur durch eigene Anstrengung sei das eherne Gesetz des Karma zu durchbrechen.

Im *Hinayana* geht jeder Einzelne *für sich selbst den Weg der Erlösung*. Ein Meister hilft nur insoweit, als er seinem Schüler die rechten Anweisungen darüber gibt, *welche* Meditationspraktiken er *wie* ausüben soll. Der Meister ist ein nachahmenswertes Vorbild und kann Anstöße geben, aber die Kraft zu seiner Befreiung muss der Schüler selbst aufbringen. Es gilt jedoch als unterstützend, in einen Mönchsorden einzutreten.

Dem *Sutta-Pitaka* (Korb der Lehrreden) zufolge soll sich Siddhartha im Laufe vieler Existenzen und Seinsweisen durch fortschreitende Reinigung allmählich zum Rang eines *Buddha* hinaufgearbeitet haben. Gemessen an seinem Beispiel ist zu erwarten, dass ein Anfänger mit Sicherheit viele »Leben« braucht, um das Nirwana zu erreichen. Dieser Weg soll sehr langwierig und beschwerlich sein, und es heißt, dass nur wenige auf ihm zum Ziel kommen.

Hinayana- oder *Theravada*-Buddhismus findet sich heute noch in den südlichen Ländern des Fernen Ostens wie Sri Lanka, Myanmar (Burma), Thailand, Kambodscha, Laos und Vietnam. In den einzelnen Völkern vermischt sich die Lehre häufig mit einheimischer Ahnenverehrung.

10.2 Mahayana-Buddhismus

Mahayana bedeutet »großes *(maha)* Rad oder Fahrzeug *(yana)*«. Die Lehre des Mahayana wird beschrieben in *Sutra*-Texten, die erst ab etwa 80 n. Chr. entstanden sind. Die Mahayana-Anhänger glauben, dass diese Texte ursprüngliche Lehren Buddhas sind, die jedoch jahrhundertelang versteckt blieben und u. a. von dem großen Heiligen *Nagarjuna* aus dem Palast der Schlangen oder Drachen aus der *Unterwelt* (!) zur Menschenwelt gebracht wurden.[29]

Die Theravada-Buddhisten werfen den Anhängern des Mahayana vor, die ursprüngliche Lehre Buddhas verlassen zu haben. Die Vertreter des Mahayana sind jedoch der Ansicht, dass ihre Lehre ein größeres Ziel anstrebe. Dieses Ziel liege nicht im individuellen Erreichen des Nirwana (das sogenannte *Arhat-Ideal = Selbsterlösung*). Ihr Ziel sei ein höheres Ziel, welches mittels des sogenannten *Bodhisattva-Ideals* zu erreichen sei.

Ein *Bodhisattva* sei jemand, der fast erleuchtet *(Bodhi)* sei, aber dann bewusst auf den Eintritt ins Nirwana verzichte, um anderen auf dem Weg zur Erleuchtung zu helfen. In diesem Sinne habe sich auch der historische Buddha entschieden, nach seiner Erleuchtung am Leben zu bleiben, um leidende Wesen zu lehren. Es gehe nicht mehr in erster Linie darum, sich selbst mittels einer selbstsüchtigen Flucht aus der Welt zu erlösen, sondern vielmehr darum, in der Welt zu bleiben, um als

29 Conze, *Der Buddhismus*, S. 26.

fast Erleuchteter *(Bodhisattva)* den leidenden Wesen als Lehrmeister *(Guru)* zu dienen.

Das *Bodhisattva-Ideal* ist kennzeichnend für den Mahayana-Buddhismus. Der Lehrmeister *(Bodhisattva-Guru)* sieht sich als Personifizierung der Lehre *(Dharma)*. Durch ihn wird die Lehre Buddhas verwirklicht, d.h. in seiner Person sichtbar in diese Welt gebracht. Damit sei er mehr als ein Meister im Theravada-Buddhismus. Er wird für fähig gehalten, effektive Hilfe zur Erleuchtung zu bieten, indem er seinen Schülern über persönliche Schwellen hinweghilft. So spielt der Meister im japanischen Zen-Buddhismus (einer Mahayana-Form) eine entscheidende Rolle.[30]

Mahayana sei auch deswegen das »größere Fahrzeug«, weil ein Lehrer durch das Unterrichten viel mehr Menschen mit der Lehre Buddhas erreichen könne (was, buddhistisch gesagt, eine größere Bewegung für das *Rad des Dharma* bedeutet).

Erlösungshilfe im Mahayana wird nicht nur von sichtbaren Lehrmeistern angeboten. Sie kann den Menschen auch durch unsichtbare, transzendente Buddha-Wesen zuteilwerden. So ist *Avalokiteshvara*, der Buddha des Mitgefühls, vor allem bei der Laienbevölkerung Tibets in aller Munde. Indem seine Anrufungsformel *(Mantra)* ständig rezitiert wird, wird seine Hilfe aus der unsichtbaren Welt erwartet.[31] In

30 Der Zen-Meister gibt seinem Schüler z.B. eine mit dem Verstand unlösbare Aufgabe *(Koan)*. Die Hilfe eines Gurus liegt darin, den Schüler zu befähigen, sich selbst und seinen Verstand aufzugeben.

31 Der Dalai Lama gilt als eine Inkarnation des *Avalokiteshvara* und wird wie der *Buddha* selber verehrt.

China und Japan ist Buddha *Amida* unter einer breiteren Laienbevölkerung sehr populär. Durch ihn erhofft man sich einen leichten Zugang zu einem paradiesähnlichen Reich.

Im Mahayana wird die Existenz von zahllosen *Buddha-Reichen*[32] angenommen. Wer ein solches Reich bewohnt, soll anderen Wesen von dort aus helfen können.

Der *Mahayana*-Buddhismus findet sich heute in den nördlichen Ländern des Fernen Ostens wie Japan, China, Tibet, Nepal, Sikkim (indischer Bundesstaat), Bhutan und Korea.

10.3 Tantrayana- oder Vajrayana-Buddhismus

Vajra bedeutet »Diamant«, *yana* »Rad« oder »Fahrzeug«. Das Sanskrit-Wort *Tantra* meint »Ursprung« oder »Entstehung von Wissen«. *Tantrismus* ist demnach eine ganzheitliche Erkenntnislehre, die von der Untrennbarkeit des Relativen (Unerleuchteten) und des Absoluten (Erleuchteten) ausgeht. Durch eine mystische Verschmelzung könne das Relative (der unerleuchtete Mensch) sich zum Absoluten (dem erleuchteten Buddha) transformieren.

Die Angaben über die Entstehung variieren zwischen dem 3. und 7. Jh. n. Chr. Tantras sind schriftlich fixierte Lehrsysteme, die, wie bei den *Mahayana-Sutras*, entweder vor langer Zeit verborgen und wieder auf-

---

32 Ein *Buddha-Reich*, auch *reines Land* genannt, ist eine Art Götterhimmel, in den der Mensch hineingeboren werden kann, ohne erleuchtet zu sein. Dort soll er Gelegenheit haben, die Erleuchtung schneller zu erlangen.

gefunden worden sein sollen oder erst später, nach längeren mündlichen Überlieferungen, verfasst wurden.[33]

Tantrayana wird als der steile Pfad zur Erleuchtung beschrieben. Bei genauester Ausübung des aufgezeigten Weges soll es möglich sein, innerhalb eines Lebens zur großen (Mahayana-)Erleuchtung durchzudringen.

Die wichtigsten Praktiken auf dem Weg zur Erleuchtung im Tantra sind:

- die Vorstellungskraft *(Visualisierung)*: Die Person stellt sich vor, ein Buddhawesen zu sein und in dessen Welt zu leben.
- psychoaktive Klänge *(Mantren)*: Anbetungs-, Anrufungs- und Identifizierungs-Formeln, die ständig rezitiert werden. Je häufiger die Formel aufgesagt wird, umso größer soll die Wirkung sein.
- sexualmagische Kräfte: Spirituell machtvollstes Mittel sei »die sexuelle Vereinigung mit einem gegengeschlechtlichen Partner«[34], wenn die sexuelle Energie in vorgeschriebener Art transformiert wird.

Da der Mensch durch die genannten Praktiken sich selbst zu einem Buddhawesen emporarbeitet, könnte Tantrayana aus westlicher Sicht als ein *Weg der Selbst-Vergöttlichung* bezeichnet werden.

---

33 *Mahayana*-Schriften gehören zu dem späteren Schrifttum des Buddhismus. Sie bestehen aus den eher intellektuell zu verstehenden *Sutras*, aber auch aus *Tantras*. *Tantras* lehren einen direkteren Weg zur Erleuchtung. Das tantrische Schrifttum wird von der Schule des *Hinayana* nicht als buddhistische Lehre anerkannt.

34 Conze, *Der Buddhismus*, S. 452.

Der Tantrayana- oder Vajrayana-Buddhismus findet sich heute in Tibet, Sikkim, Bhutan, der Mongolei, China und Korea.

11 Ausdrucksformen der Erleuchtung

Im Tantrayana geht es zwar nicht um einen persönlichen Gott, sondern immer noch um den Zustand der Leere. Dieser Zustand hat jedoch verschiedene Ausdrucksformen und wird in bildhafter Weise in unterschiedlichen Gestalten dargestellt. So ist z. B. der bereits genannte *Avalokiteshvara*, der Buddha des Mitgefühls, mit tausend Armen zu sehen, der in jeder Hand ein Auge hat. Diese Gestalt will zeigen, dass sie alles Leiden dieser Welt sieht und helfend eingreifen kann. Eine weitere Ausdrucksform der Erleuchtung wird in dem Buddha *Kalachakra* dargestellt. Bei ihm liegt die Erleuchtungskraft in der Vereinigung der Gegensätze. Er präsentiert aber auch die sexualmagische Kraft. Seine Abbildung zeigt eine männliche und eine weibliche Gestalt in enger Umarmung. Jede der Gestalten hat vier Gesichter, von denen zwei zornig und zwei friedlich aussehen.

11.1 Mandalas und Einweihungsrituale

Jeder Ausdrucksform des Buddha wird ein spirituelles Reich oder ein Palast zugeschrieben. Dieses Reich wird *Mandala* genannt. Auch die Reiche werden bildlich dargestellt. Bei uns im Westen ist das Mandala Kalachakras inzwischen sehr bekannt. Der Dalai Lama lässt es von seinen Mönchen – u.a. besonders gerne in Museen – aus feinem farbigen Sand legen. Kalachakra soll im Mittelpunkt des Mandalas wohnen.

In den Tantra-Lehren reicht es nicht aus, nur die Schriften zu befolgen. Es muss eine spirituelle Übertragung vom Guru an den Schüler stattfinden. Der Guru weiht seinen Schüler in die geheimen esoterischen Praktiken des Tantra ein. Nur Eingeweihte verstehen die Lehre und sind bevollmächtigt, sie richtig auszuüben. Da der Dalai Lama und die von ihm angeführte Gelugpa-Schule die Lehre des Tantrismus praktiziert, hat er in verschiedenen westlichen Ländern Initiationsrituale veranstaltet, in denen Menschen in die Buddhaform Kalachakra und dessen dazugehöriges Mandala eingeweiht wurden. Nach seiner Meinung sei Kalachakra die jüngste, trotzdem aber die wichtigste buddhistische Tantraform (sie entstand erst im 10. Jh. n.Chr.).

11.2 Die Welt als Träger der Erleuchtungsenergie

Im Tantrayana soll ein völliger Rückzug aus dieser Welt nicht mehr nötig sein, da die Welt als Wohnort der Buddhawesen betrachtet werden soll. Genussmittel, die in der ursprünglichen Lehre Buddhas nicht erlaubt waren, dienen jetzt zur Erfahrung höheren Bewusstseins.

In der Entwicklung von der ursprünglichen Lehre bis zu den außergewöhnlichen Lehren des Tantrayana sind ein zunehmender Bezug zur okkulten Welt und eine zunehmende Weltoffenheit zu beobachten.

Mit »Offenheit zur Welt« ist zum einen die Bereitschaft gemeint, weltliche Mittel auf dem Weg zur Erleuchtung miteinzubeziehen, wie z. B. Genussmittel und Sexualität. Zum anderen wird im Mahayana und Tantrayana – im Gegensatz zur ursprünglichen Lehre – behauptet, dass die Erleuchtungsenergie bereits in der Welt vorhanden sei, denn in jedem Wesen, jeder Pflanze und jedem Stein sei bereits der Same zur Erleuchtung als Buddhanatur vorhanden. Dagegen war der Zustand der Erleuchtung für den historischen Buddha etwas absolut Überweltliches.

Der Tantrayana-Buddhismus legt Wert darauf, der Erleuchtungsenergie bewusst Gestalt zu geben und in der Welt darzustellen. Aus diesem Grund werden auch in Europa bereits an vielen Orten buddhistische Heiligtümer, wie z. B. Stupas oder Buddha-Statuen, aufgestellt. Sie symbolisieren nicht nur diese Energie, sondern sind auch Träger der Energie. Diese äußere Darstellung hat auch eine politische Dimension. Während der Hinayana-Buddhist hauptsächlich nach seinem eigenen Frieden in der Auflösung seiner Person in Buddha sucht, strebt der Tantrayana-Buddhist danach, der ganzen Welt diesen Frieden zu vermitteln.

12 Buddhismus im Westen

Der historische Buddha soll vorausgesagt haben: »2500 Jahre nach meinem Dahinscheiden wird das Dharma im Lande der Rotgesichter verbreitet werden.«[35] Hiermit könnte die indianische Bevölkerung Nordamerikas oder auch der Mensch im Westen allgemein gemeint sein. Der Gründer des Buddhismus in Tibet, *Padmasambhava*, soll um etwa 800 n. Chr. Ähnliches prophezeit haben.

Gehen heute diese alten buddhistischen Prophetien in Erfüllung? In den westlichen Ländern, in denen der Buddhismus erst in den letzten hundert Jahren Fuß gefasst hat, gibt es bis jetzt nur wenige Millionen Buddhisten. Davon stammen noch die meisten aus traditionell buddhistischen Ländern. Betrachtet man nur die Zahlen, kann noch nicht die Rede von einer Erfüllung dieser Prophetie sein.

Dennoch ist dem Buddhismus gegenüber eine weltweite Wohlgesinntheit festzustellen. Häufig sagen Menschen: »Wenn ich mich für eine Religion entscheiden müsste, würde ich den Buddhismus wählen.« Der Dalai Lama wurde in einer Umfrage von den meisten Deutschen bereits im Jahr 2002 als weisester Mensch der Gegenwart bezeichnet.[36]

---

35 Trimondi, *Der Schatten des Dalai Lama*, S. 723. Nach Mullin, Glenn H., *The Practice of Kalachakra* (Ithaca: 1991), S. 145.

36 Vgl. *Erkenntnis, Weisheit, Spiritualität*, »Geo-Wissen« Nr. 29. 03.2002, S. 157.

Jede größere Stadt hat inzwischen mehrere Meditationszentren oder sogar buddhistische Tempel. In den Medien wird der Buddhismus überwiegend positiv dargestellt. Angebote wie *Meditation* oder *Yoga* werden inmitten einer hektischen, reizüberfluteten Gesellschaft inzwischen als die Heilmittel schlechthin angesehen. Die innere Leere, die als Folge des materiellen Überflusses entstand, hat eine Sehnsucht nach einer neuen Spiritualität hervorgerufen. Allgemein wird der Eindruck vermittelt, als könne der Buddhismus die Bedürfnisse unserer Zeit z. B. nach Ruhe und Spiritualität erfüllen. In seinem Bemühen, dem westlichen Menschen in seinen Bedürfnissen nach guten Gefühlen zu begegnen, präsentiert er sich als Wellness für Körper, Seele und Geist.

Es scheint fast so, als entwickle sich eine Art westlicher Buddhismus. Dies geschieht sicherlich auch durch die Vorarbeit bzw. den Einfluss der Esoterik. Der Buddhismus war schon immer eine anpassungsfähige Religion. In den Ländern, in denen er sich verbreitete, wurden oft alte Kulte und Gebräuche problemlos übernommen. So sind z. B. im tibetischen Tantra-Buddhismus viele Elemente aus der damals in Tibet vorherrschenden animistischen *Bön-Religion* zu finden. *Padmasambhava*, der den Buddhismus nach Tibet brachte, war ein großer Magier, der durch die Künste seiner Zauberei die Magier der *Bön-Religion* überbot.

In ähnlicher Weise scheint der Dalai Lama die im Westen noch vorherrschende christliche Religion mit »christlichen« Mitteln zu überbieten. In seiner Person scheinen die Werte des Christentums wie Gewaltlosigkeit, Friedfertigkeit und Freundlichkeit verkörpert zu sein. Zusätzlich wecken Hollywood-Stars wie Richard Gere und andere[37] das Interesse der Massen für den Buddhismus.

Der Buddhismus ist im Westen auf dem Vormarsch. Er ist wie eine sanfte, aber stetige Bewegung, die viele Menschen beeinflusst und vielleicht auch immer mehr erfasst.

---

37 Tina Turner, Harrison Ford, Sharon Stone, Pierce Brosnan und Steven Seagal werden in dem Artikel »Faszination Buddhismus« in der Österreichischen Zeitung *Format*, 29/02, S. 54, als Buddhisten bezeichnet.

Teil II: Diskussionen und Kontroversen

1 Herausforderung Buddhismus

Das Interesse für den Buddhismus in Deutschland ist nicht nur eine Modeerscheinung der vergangenen dreißig Jahre. Schopenhauer, Nietzsche, Hesse – viele Intellektuelle waren schon von der fernöstlichen Lehre fasziniert.[38]

Die Verbreitung des Buddhismus in Deutschland geht vor allem auf Arthur Schopenhauer (1788–1860) zurück. Der Philosoph fand zahlreiche Verbindungen zwischen seiner eigenen Philosophie und der buddhistischen Lehre, so z. B. den Atheismus.

Der Komponist Richard Wagner (1813–1883) sah in Buddha einen Sieger und Gewinner, einen aller Leidenschaft enthobenen Menschen, und war im Begriff, eine Oper mit dem Titel »Die Sieger« über den Religionsgründer zu schreiben.

Für Friedrich Nietzsche (1844–1900) war der Buddhismus ein Gegenentwurf zum Christentum, welches er für die Religion des Verfalls hielt. Die Selbstdisziplinierung der fernöstlichen Lehre deutete er als Weg, sich

38 STERN-Artikel »Wegbereiter des Buddhismus in Deutschland«, http://www.stern.de/kultur/buecher/geschichte-wegbereiter-des-buddhismus-in-deutschland-520098.html?eid=519926

selbst zu vervollkommnen, um schließlich, ganz im Sinne Zarathustras, zum »Übermenschen« zu werden.

Der Schriftsteller und Pfarrersohn Hermann Hesse (1877 – 1962) reiste mehrmals nach Indien und machte mit seinem Buch »Siddhartha« die Lebensgeschichte Buddhas im Westen populär. Besonders in den Vereinigten Staaten löste das Buch einen Buddhismus-Boom aus.

In den 1930er-Jahren war Karlfried Graf Dürckheim (1896 – 1988) Kulturattaché in Tokio. Ihn faszinierte die Bewegungsmeditation des Zen-Buddhismus. Als Psychologe gründete er in den 1950er-Jahren eine Begegnungsstätte im Schwarzwald, in der er versuchte, therapeutische Arbeit und Buddhismus miteinander zu verbinden.

Pater Hugo M. Enomiya-Lassalle (1898 – 1990) kam als Missionar in Japan in Kontakt mit dem Zen-Buddhismus. Nachdem er von seinen japanischen Zen-Meistern ermächtigt wurde, gab er unter anderem Zen-Kurse in Benediktiner-Abteien. Er sah in der fernöstlichen Meditation ein großes Potenzial auch für das Christentum und versuchte, buddhistische Elemente in die christliche Lehre einzuflechten. Durch seine Bemühungen wurde die Meditation für den Normalbürger hier im Westen interessant.

Die genannten Personen haben alle auf ihre Art und für unterschiedliche Kreise den Buddhismus in Deutschland salonfähig gemacht.

1.1 Buddhistische Elemente in unserer Gesellschaft

Einige buddhistische Praktiken oder Begleiterscheinungen haben sich im Westen in ganz unterschiedlichen Bereichen durchgesetzt:

- die Mode der *Buddha-Bändchen* (auch *Powerbeads* genannt): Armbänder, die den Ansatz einer buddhistischen Gebetskette haben und deren Steine besondere heilende, reinigende und stärkende Kräfte enthalten sollen. Diese Mode, die inzwischen allerdings schon vorüber ist, hat wesentlich zu einer allgemeinen Verbreitung dieses Gedankenguts beigetragen.
- die Praxis des Ausmalens von *Mandalas*: Ein Mandala ist im Tantra-Buddhismus die Abbildung einer unsichtbaren Buddhawelt. In seinem Mittelpunkt befindet sich die jeweilige Buddhaform.
- *Fantasiereisen*: eine leichtere Form der Praxis des Visualisierens. Visualisieren ist eine zentrale Methode des Mahayana und Tantrayana zwecks Vereinigung mit Buddhaformen oder Buddhareichen.
- *Meditation*: Durch Stillsitzen und Loslassen aller Gedanken soll man zur Ruhe kommen, eine Einheitserfahrung machen (*Zen* oder *Vipassana*) oder sich für eine wohltuende Kraft, heilende Energie oder Botschaft öffnen *(Tantra)*.

Der Umgang mit »heilenden« Steinen, das Mandala-Ausmalen und das Einsetzen von Fantasiereisen sind inzwischen im Bereich der Entspannung gang und gäbe geworden. Nur wenigen ist bekannt, dass ihre

Ursprünge in fernöstlichen religiösen Praktiken liegen und als ein Mittel zur Vereinigung mit dem Kosmos und seinen Kräften dienen sollen. Ebenso ist die Versenkungsmeditation allgemein populär geworden.

2 Meditation, Kontemplation und Gebet

Nachdem in katholischen Klöstern die Zen-Meditation schon seit längerer Zeit eingezogen ist, wird eine östliche Form der Meditation jetzt auch in evangelischen Kirchen, ja, selbst in Freikirchen angeboten.

Die evangelische Tagungsstätte des Evangelisch-Lutherischen Missionswerks in Hermannsburg hat unter anderem Meditationskurse des Japaners Masanobu Hirata im Angebot. Es handelt sich um eine Kombination aus Übungen des Stillsitzens, uralten chinesischen Atemübungen des Qigong, Yoga-Übungen und Lehren christlicher Mystiker.[39] Pastoren und Pfarrer werden motiviert, Meditationskurse auch in ihren Gemeinden durchzuführen.

In einem freikirchlichen Gemeindebrief war Folgendes zu lesen: »Wir haben im evangelischen Bereich eine traditionelle *Kopflastigkeit*, gehen meist analytisch und rational mit Bibeltexten um, jedoch die Seele bleibt

39 »*Wachsen aus der Stille. Andere Wege der Frömmigkeit*«, Aufatmen 1/96, S. 9. Das Rüstzentrum will Pastoren und Pfarrer für ihren Dienst zurüsten. Der Japaner ist hierzu vom Hermannsburger Werk, das aus einer christlichen Erweckungsbewegung entstand, angestellt.

hungrig.«[40] Um das Problem der Kopflastigkeit und Seelenleere zu lösen, wurde auch hier ein Meditationskurs angeboten. Hierin solle man sich für eine Begegnung mit dem Objekt der Meditation (z. B. mit einem Bild) öffnen. Dabei wird das Objekt (Bild) zum Subjekt (d. h. lebendig, kommunikationsfähig) und der Betrachter zum Objekt (d. h. ohne Gedanken, im Grunde leer). Der Betrachter soll passiv sein, um sich von dem zum Subjekt gewordenen Objekt (dem Bild) beschenken zu lassen.[41]

Nun gibt es häufig beim Begriff »Meditation« Unklarheiten, was eigentlich damit gemeint ist. Im Allgemeinen wird grob zwischen zwei Arten der Meditation unterschieden:

1. Meditation im Sinne von Kontemplation, was Nachdenken oder Nachsinnen über ein Objekt oder Thema meint. Das lateinische Wort *meditatio* bedeutet schlicht »das Nachdenken«. Es geht um eine aktive gedankliche Betätigung.
2. Meditation im Sinne von Versenkung, wobei es sich um eine Einheitserfahrung oder um ein Sich-Auflösen im All oder im Nichts handelt. Hierbei ist die Person passiv.

Die Meditation im Sinne von Kontemplation wird auch in der Bibel empfohlen, indem der Mensch aufgefor-

40 Iris Grabowski, »Meditation – Mit den Ohren des Herzens lauschen«, Gemeindebrief 04/05-2003, FeG Marburg, S. 7-8; S. 8.
41 »*Wachsen aus der Stille. Andere Wege der Frömmigkeit*«, Aufatmen 1/96, S. 8.

dert wird, über das Wort Gottes nachzusinnen (siehe Josua 1,8; Psalm 1,2). Dabei ist jedoch keine bestimmte Körperhaltung erforderlich. Wichtig ist, dass der Gläubige seine Gedanken auf Gott ausrichtet. Er bleibt darin gedanklich aktiv.

2.1 Erlösung durch Versenkungsmeditation

Die Versenkungsmeditation ist eine Übung mit dem Ziel der völligen Auflösung der Person. Sie ist eine spezifisch östliche Form der Meditation und *die* zentrale Praktik in den östlichen Religionen. Wichtig ist die klassische Sitzhaltung, in der der Meditierende mit geradem Rücken und geschlossenen Augen im Schneidersitz auf dem Boden sitzt.[42] Aufkommende Gedanken sollen beiseitegelegt und Gefühle als belanglos betrachtet werden. Dabei hilft die Konzentration auf den eigenen Atem. Es wird angestrebt, sich innerlich leer zu machen, die Basis für das »Sich-Auflösen« im Kosmos. Denn im Zustand der Erleuchtung hat der Mensch keine Persönlichkeit, also auch keine Gedanken und Gefühle mehr. Er ist aufgelöst im *Nichts*. In diesem Zustand ist er erlöst, weil er endlich zu der Erkenntnis des »Nicht-Selbst« (*anatta* oder *anatman*[43]) durchgedrungen ist, was besagt, er sei eigentlich eine Illusion. Die Folge dieses Denkens ist: Wo es kein Geschöpf gibt, gibt es auch keinen Schöpfer!

42 Die Sitzhaltung in der Meditation hat eine spirituelle Bedeutung. Der Mensch soll durch Chakren (Energiezentren im Körper), deren Sitz Beckenboden und Scheitel sein soll, mit Himmel und Erde verbunden sein.

43 Klaus-Josef Notz, »Anatman«, *DLdB, A-M*, S. 47-48; S. 47. *Anatman* heißt in Sanskrit *Anatta* und bedeutet »Nicht-Selbst«. Während Hinduisten an ein ewiges Selbst (*Atman*, auch Seele) glauben, das sich mit dem göttlichen *Brahman* verschmelzen soll, lehnte Buddha die Existenz eines Selbst *(Atman)* ab.

2.2 Erlösung im Christentum: Versöhnung mit Gott

Demgegenüber basiert christliches Denken auf der Existenz eines Schöpfers. Dieser hat den Menschen als lebendige Seele geschaffen (1. Mose 2,7). Der Psalmist dankt Gott dafür, dass er als Mensch wunderbar gemacht ist (Psalm 139,14). Die Realität des Schöpfers begründet die Realität des Geschöpfes: Es ist jemand, weil es von jemandem geschaffen wurde.

Die Tatsache, ein Selbst zu sein, sollte nie losgelöst von einem realen Schöpfergott gesehen werden. Denn in der Trennung vom Schöpfer (Sündenfall durch Ungehorsam gegenüber Gott) besteht im Sinne des Christentums die unerlöste Situation der Menschheit. Erlösung geschieht dann, wenn es zur Wiederherstellung (oder Heilung) der zerbrochenen Beziehung zwischen Schöpfer und Geschöpf kommt. Diese Beziehung wurde gemäß der christlichen Lehre dadurch wiederhergestellt, dass Gott in der Gestalt Jesu Christi Mensch wurde und sich für den Ungehorsam eines jeden Einzelnen ans Kreuz nageln ließ. Durch sein Opfer stiftete er Versöhnung zwischen Schöpfer und Geschöpf.

In der Begegnung zwischen Schöpfer und Geschöpf erkennen beide Seiten sich gegenseitig an und sind aktiv an ihrer Beziehung zueinander beteiligt. Es findet keine Auflösung in Gott statt.

Meditation im Christentum ist eine Form des aktiven Nachdenkens, z. B. über Gottes Wort, seine Qualitäten oder seine Taten für uns (vgl. Josua 1,8; Psalm 1,2). Es soll die Beziehung zu Gott stärken.

2.3 Gebet

Im *Gebet* wird Gott angerufen bzw. Zwiesprache mit ihm gehalten. Kommunikation ist hierbei wichtiger als die Körperhaltung. Das spirituelle Ziel des Betenden ist es, in Verbindung und Übereinstimmung mit diesem Gott zu kommen und mit ihm eine intensive Begegnung zu haben.

Wenn Christen nun ihr Bedürfnis nach mehr Spiritualität im Sinne einer Erfahrung der Verschmelzung mit Gott mithilfe östlicher Versenkungsmeditation stillen, muss dies über kurz oder lang zu einer Aufhebung der Beziehung zu Gott führen. Denn der Weg der Versenkung hat den *Zustand* des Nirwana, der *Auflösung* im Nichts (oder im Göttlichen) zum Ziel, während das Ziel des aktiven Nachsinnens oder Kommunizierens die *Beziehung* zu Gott sucht.

Demnach sind Meditationsangebote im Sinne eines Austausches zwischen Subjekt und Objekt abzulehnen. In einem Perspektivenwechsel zwischen Betrachter und zu Betrachtendem besteht die Gefahr, überhaupt nicht mehr unterscheiden zu können, weil jedes Unterscheidungsvermögen von vornherein ausgeschaltet sein solle und somit alles kritiklos angenommen werde. Hier vermischen sich östliches und esoterisches Gedankengut. Der Buddhist sagt: »Die Buddhanatur ist in allen Dingen, und alles Sichtbare ist Illusion.« Der Esoteriker sagt: »Alles ist Gott oder göttlich.« Aus diesem Grund stehen Menschen, Tiere, Pflanzen und Steine auf einer Stufe. Die Unkenntnis dieser Auffassung nennt der

Esoteriker Ken Wilber übrigens den »theologischen Sündenfall«[44].

Die Versenkungsmeditation leugnet drei zentrale Tatsachen, die im Sinne des christlichen Glaubens nicht geleugnet werden sollten:

1. das Geschöpf, weil es sich in der Versenkung auflösen soll;
2. den Schöpfer, weil er als eigenständiges Wesen abgelehnt wird;
3. die Erlösung durch Jesus Christus, weil in der Versenkung selbst Auflösung (vom Selbst) gesucht wird.

3 Grundlagen eines Dialogs

Ein Dialog zwischen Vertretern verschiedener Religionen kann einerseits auf der Ebene des Verstandes geführt werden, z. B. bei gegenseitigen Respektsbezeugungen, andererseits aber auch auf der Erfahrungsebene. Bei einem Dialog auf Erfahrungsebene vermeidet man bewusst die Erwähnung grundlegender Lehrunterschiede, um sich näherzukommen.

---

44 Ken Wilber, *Halbzeit der Evolution: Der Mensch auf dem Weg vom animalischen zum kosmischen Bewusstsein. Eine interdisziplinäre Darstellung der Entwicklung des menschlichen Geistes* (Bern: Scherz Verlag, 1987), S. 354.

3.1 Dalai Lama

So war es z. B. bei einer Gruppe von 350 Menschen, die den Dalai Lama 1994 in London zu einer christlichen Konferenz eingeladen hatten und ihn baten, etwas zu den Evangelien zu sagen. Das Ziel der Konferenz war, herauszufinden, »dass jeder Glaube eine jeweils eigene Pforte für den Zugang zum großen Audienzsaal der Wahrheit«[45] hat.

Am Ende dieses »erfahrungsbezogenen Dialoges« entstand der Eindruck, »ein gemeinsames Fenster zur Wahrheit« gefunden zu haben.[46] Nach den Worten des anwesenden Paters Laurence Freeman war es dazu notwendig, »dass jeder seinen Alleinvertretungsanpruch auf Wahrheit außer Kraft setzt«.[47]

Da der Dalai Lama wiederholt deutlich machte, dass »der Buddhismus keinen Schöpfergott oder persönlichen Erlöser kennt«[48], bedeutete dies für die Christen, dass sie die Frage nach der Existenz Gottes und die Bedeutung des Erlösungswerkes seines Sohnes meiden mussten. Denn Jesus Christus hat ja gesagt: »Ich bin der Weg und die Wahrheit und das Leben. Niemand kommt zum Vater als nur durch mich« (Johannes 14,6).

Da auf der Grundlage der Existenz Gottes kein Dialog mit dem Dalai Lama geführt werden konnte, wurde

45 Dalai Lama, *Das Herz*, S. 4. Die amerikanische Originalausgabe erschien unter dem Titel »*The Good Heart*«, S. 27. Der Titel des Buches beschreibt das Erfahrungsergebnis dieser Konferenz.

46 Ebenda, S. 27-28.

47 Ebenda, S. 26-27.

48 Robert Kiely, aus dem Vorwort in: Dalai Lama, *Das Herz*, S. 14.

der Versuch gemacht, sich auf der Ebene des Begriffs der »Wahrheit« und der Erfahrung zu begegnen.

Im Buddhismus liegt die absolute Wahrheit nur im Zustand der Erleuchtung *(Bodhi)*. Alles andere ist relativ. Als der Dalai Lama also über *Wahrheit* referierte, sprach er über Erleuchtung. Ohne dass die Christen es richtig wahrnahmen, fand der Dialog auf der Grundlage des buddhistischen Verständnisses bezüglich dessen Zieles der Erleuchtung statt. Dies wurde durch tägliche gemeinsame Meditationen gefördert. Damit wies das »Fenster zur Wahrheit«, von dem die Christen meinten, es gemeinsam entdeckt zu haben, in Richtung einer fernöstlichen Erleuchtungserfahrung.

Die Christen hatten zwar auf ihren »Alleinvertretungsanpruch« auf Wahrheit verzichtet, der Dalai Lama hatte jedoch seinen Anspruch auf Wahrheit nicht außer Kraft gesetzt.

3.2 Thích Nhất Hạnh

In ähnlicher Weise handelt der vietnamesische Zen-Mönch Thích Nhất Hạnh. In seinem Buch »Buddha und Christus heute: Eine Wahrheit – zwei Wege« schreibt er: »Bei einem wirklichen Dialog sind beide Seiten zu Veränderungen bereit. Man muss anerkennen, dass Wahrheit auch von außerhalb der eigenen Gruppe kommen kann.«[49] Das hört sich gut an. Aber dann formuliert er die Bedingung: »Der Dialog muss auf der Grundlage des

49 Thích Nhất Hạnh, *Buddha und Christus heute: Eine Wahrheit – zwei Wege*, übersetzt von Clemens Wilhelm, Taschenbuch, 3. Auflage (München: Goldmann, 1999), S. 33.

›Nicht-Selbst‹ geführt werden.«[50] Die Lehre des »Nicht-Selbst« *(anatta)* würden aber Christen, insoweit sie über ihre Glaubensgrundlagen informiert sind, nicht teilen können.

Immer bedenkenloser weichen heute christliche Theologen von ihren im Wort Gottes gegebenen klaren Glaubensgrundlagen ab. Häufig werden biblische Begriffe verwendet, ohne den gesamtbiblischen Kontext zu betrachten. Der Benediktinerpater David Steindl-Rast schreibt z.B. im Vorwort von Hạnhs Buch: »Wir Christen haben indes kein Monopol auf den Heiligen Geist.«[51] Dazu zitiert er Römer 8,14: »Denn so viele durch den Geist Gottes geleitet werden, diese sind Söhne Gottes«, und suggeriert, dass der Buddhist Hạnh sich vom Geist Gottes leiten lasse.

Dabei geht es in dem Paulus-Zitat um den Geist Christi (Römer 8,9), der Jesus Christus und sein Versöhnungswerk auf Erden verherrlicht (vgl. Johannes 16,14; Römer 8,3).

Hạnh würdigt Jesu Leben zwar »als Modell für die eigene Übung«[52], aber er betrachtet Jesus nicht als denjenigen, der die Voraussetzung für ein Leben mit Gott ohne unser Zutun geschaffen hat. Erst durch eine von Gott gewirkte geistliche Wiedergeburt bekommt eine Person den Heiligen Geist. Der Geist Gottes ehrt Jesu Erlösungswerk am Kreuz, während der Geist der Welt

50 Ebenda, S. 33.

51 Hạnh, *Buddha und Christus*, S. 10. Zitiert aus dem Vorwort von David Steindl-Rast.

52 Ebenda, S. 59. »Für mich ist das Leben Jesu seine wichtigste Lehre, wichtiger noch als der Glaube an die Wiederauferstehung oder an die Ewigkeit.«

(1. Korinther 2,12) vor allem die Werke und Fähigkeiten der Menschen ehrt. Wer Jesu Leben nur als ein Modell für die eigene Lebenspraxis sieht, betont die menschlichen Fähigkeiten zur Nachahmung.

So, wie die Buddhisten in einem Dialog ihre Grundlage (= das Verständnis des Menschen als ein »Nicht-Selbst«) und ihre Zielsetzung (= die Erleuchtung, das Nirwana, auch absolute Wahrheit genannt) nicht verlassen, sollten in einem Dialog auch Christen weder ihre Grundlage (= das Verständnis des Menschen als ein Geschöpf Gottes) noch ihre Zielsetzung (= eine wiederhergestellte Beziehung zum Schöpfer durch Jesu Erlösungswerk) verlassen.

4 Toleranz

»Aber«, so mag man einwenden, »können wir dann einen Dialog führen, wenn beide Seiten ihre Glaubensgrundsätze so hervorheben?« – »Müssen wir nicht vielmehr Toleranz üben?« Hinter dieser Frage steckt eine bestimmte Definition von *Toleranz*, nämlich jene, dass »alle Werte, Überzeugungen, Lebensstile und Wahrheitsansprüche gleich seien«.[53]

Dies ist ein neues Verständnis von Toleranz, welches erst in unserer heutigen Zeit, der Zeit der Postmoderne, definiert wurde. Dieses Verständnis verlangt nicht nur

53 Josh McDowell und Bob Hostetler, *Die neue Toleranz* (Bielefeld: CLV, 1999), S. 21.

Respekt gegenüber andersdenkenden Personen, sondern erwartet die Bejahung oder sogar das Gutheißen deren religiöser, moralischer oder sozialer Vorstellungen.

Ursprünglich wurde *Toleranz* jedoch anders verstanden:

> »Die traditionelle Toleranz schätzt, respektiert und akzeptiert den Menschen, ohne notwendigerweise seinen Glauben oder sein Verhalten gutzuheißen oder daran teilzuhaben. Traditionelle Toleranz unterscheidet zwischen dem, was eine Person denkt oder tut, und der Person selbst.«[54]

Während das Üben von Toleranz im traditionellen Sinne das Vertreten und Wahren eines eigenen Standpunktes voraussetzt, soll sich Toleranz heute darin äußern, andere Standpunkte sofort als gleichwertig zu begrüßen, oder besser noch: auf das Wahren eines eigenen Standpunktes zu verzichten. Worin liegt die Ursache einer solch starken Verschiebung der Vorstellung von Toleranz?

4.1 »Die Wahrheit ist relativ«

Anfang der 1970er-Jahre proklamierte die New-Age-Bewegung den Beginn eines neuen Friedens-Zeitalters mit einem Wertewandel. Der Frieden würde u. a. durch eine Bewusstseinsveränderung und die Aufhebung

---

54 Ebenda, S. 20.

des Dogmatismus entstehen. In dieser Zeit würde der Mensch erkennen, dass *er im Kern ein göttliches Wesen und somit auch Träger der Wahrheit* sei. So heißt es z. B. in einem Kursangebot eines Gurus: »Satsang bedeutet ein Treffen in der Wahrheit. Du teilst den Menschen die Wahrheit mit, so wie du sie verstehst.«[55] Die Konsequenz dieses Denkens ist: Die Wahrheit ist relativ.

Mit der Annahme, dass Wahrheit relativ ist, hat der postmoderne Mensch aber de facto einen *neuen Standpunkt* eingenommen. Dieser heißt: »Du darfst keinen festen Standpunkt haben.« Vielleicht sind sich gerade diejenigen, die mit diesem Satz am lautesten nach Toleranz rufen, nicht ihres festen Standpunktes bewusst.

Als der Dalai Lama im Jahr 2004 auf dem Kirchentag in Berlin vor 20 000 Zuschauern sprach, sagte er ganz klar: »Alles ist relativ.« Und diese Aussage meinte er durchaus absolut, obwohl seine einfache bildliche Erklärung seinen Standpunkt zu relativieren schien. Buddhisten glauben tatsächlich, dass alles in dieser Welt relativ ist. Sie unterscheiden zwischen der relativen Wahrheit dieser Welt und der absoluten Wahrheit der Erleuchtung oder des *Buddha*.

Wo es in dieser Welt keinen absoluten Maßstab gibt, fällt es nicht schwer, anderen Meinungen gegenüber tolerant zu sein. Nicht passende Konzepte wie z. B. die Existenz eines Schöpfergottes werden von Buddhisten als menschliche Fehlvorstellungen eingestuft.

---

55 Premananda, *Satsang mit Premananda*, Einladung, www.premananda.de (Stand 2006). Satsang ist eine Begegnungsstunde mit dem Lehrmeister.

4.2 Der Absolutheitsanspruch im Buddhismus

Gemäß dem Buddhismus ist der Mensch in seinem unerleuchteten Zustand nicht fähig, die absolute Wahrheit zu erkennen. Dies könne nur ein erleuchteter Buddha. Darum ist seine ursprüngliche Erlösungslehre nicht relativistisch. Sie vertritt keineswegs die Anschauung von den vielen Wegen zum einen Ziel.

> »Ganz im Gegenteil: Der Weg zur Erlösung, den Buddha gegangen ist und den er lehrt, ist für Buddhisten der einzig mögliche Weg. Buddhismus erhebt bezüglich des Erlösungsweges Exklusivitätsanspruch.«[56]

Um den Exklusivitätsanspruch im Kontext der damaligen Welt mit mehreren religiösen Angeboten zu verdeutlichen, erzählte Buddha die folgende bekannte Geschichte:

> Einige blinde Männer sollten einen Elefanten beschreiben. Dafür wurde jeder an einen Körperteil des Elefanten gestellt, um ihn zur Identifikation zu betasten. Als sie anschließend gefragt wurden, wie der Elefant denn nun aussähe, beschrieb derjenige,

---

56 Alois Payer, *Der Buddhismus – eine atheistische Religion*, Vortrag auf Einladung der Deutsch-Indischen Gesellschaft in Bonn am 17.3.1995; veröffentlicht in http://www.payer.de, Fassung vom 20.12.1995: »In der Überlieferung des Theravadabuddhismus zeigt diese Art von Exklusivitätsanspruch folgende Erzählung: … Er (Buddha) antwortete (dem Sariputta) mit dem Katzenlochgleichnis. Wie man in eine Stadt, die von einer Stadtmauer mit nur einem einzigen Tor umgeben ist und deren Stadtmauer nicht einmal einen Durchlass für eine Katze hat, nur durch das Tor aus- und eingehen kann, so können alle vergangenen und zukünftigen Buddhas und Erlösungslehrer nur auf einem einzigen Weg zur erlösenden Einsicht kommen.«

der den Rüssel befühlt hatte, den Elefanten wie ein biegsames langes Rohr. Derjenige, der ein Ohr des Elefanten unter seinen Händen hatte, beschrieb ihn als einen großen Fächer. Ein anderer, der das Bein des Elefanten anfasste, beschrieb ihn als einen Baumstamm.[57]

Die blinden Männer symbolisieren nach Buddhas Meinung die anderen Religionen. Sie erkennen nur einen Teil und bezeichnen ihn als das Ganze. Zu diesen gehören z. B. Menschen, die an die Existenz eines Gottes glauben. Sie beten aus Sicht des Buddhismus nur ein vergängliches Wesen an, denn auch die Götter seien vergänglich. Nur er, der Buddha, sei ewig und biete die Gesamtschau.[58]

Obwohl Buddha der Meinung war, dass alle anderen Religionen nur einen Teil der Wahrheit erkennen, lehrte er seinen Mönchen Zurückhaltung von religiösen Diskussionen, denn Streitlust und Besserwisserei seien Merkmale des Ich-Wahns. Diese Zurückhaltung wird oft fälschlicherweise als religiöse Toleranz verstanden.[59]

Wenn auch nach außen freundlich mit Aussagen wie »Alles ist relativ« die Fahne der Toleranz hochgehalten wird, vertritt der Buddhist doch im Inneren den Absolutheitsanspruch und meint, alle anderen Lehren erkenntnismäßig zu übersteigen oder einzuschließen.

---

57 Christoph Bochinger, »Toleranz«, *Das Lexikon des Buddhismus N-Z*, Hrsg. Klaus-Josef Notz (Freiburg im Breisgau: Herder, 1998), S. 474.

58 Vgl. ebenda, S. 474.

59 Vgl. ebenda, S. 474: Buddha predigte »Toleranz gegenüber den Anhängern anderer Lehren, nicht aber gegen diese selbst«.

In diesem Sinne ist auch der Dalai Lama ein Meister im Ausüben von Toleranz. Er hat die Fähigkeit, sich wie ein Chamäleon zu verwandeln. Egal, mit welchen Interessengruppen oder politischen Orientierungen er zusammentrifft: Er kann allen alles sein. Er zeigt nicht nur eine persönliche Akzeptanz einzelnen Personen gegenüber, sondern scheint auch ihre jeweilige Ideologie zu tolerieren.

In einem Radiointerview sagte der Dalai Lama: »Ich glaube, es ist das Beste, als Gläubiger bei der Religion zu bleiben, mit der man aufgewachsen ist, an die man gewöhnt ist und mit der man vertraut ist.«[60] Diese Aussage scheint einen besonderen Respekt anderen Religionen gegenüber zu zeigen.

Innerhalb der tibetischen Gemeinschaft ist jedoch weniger von Toleranz, sondern mehr von einem diktatorischen Leitungsstil die Rede. Die Toleranz der Tibeter fand z. B. ein Ende, als ein anerkannter tibetischer Tulku[61], Odser Rinpoche, der 1963 Christ wurde, in Europa eine theologische Ausbildung machen wollte. Bevor er seine Reise antrat, wurde er durch ein Giftattentat ermordet.[62]

---

60 »Dalai Lama kein Freund von Übertritten«, Meldung vom 5. Februar 2004 im »Stern«.

61 Im tibetischen Buddhismus die Bezeichnung für einen Lama, der als Inkarnation eines verstorbenen anerkannten Meisters betrachtet wird.

62 Wolfgang Heiner, *Warum unbedingt Jesus? Das Evangelium von Jesus Christus im Vergleich mit den Weltreligionen* (Holzgerlingen: SCM Hänssler, 1999), S. 149.

4.3 Das Christentum und Toleranz

Auch wenn es in inneren Kreisen anders aussieht, zeigen Buddhisten wie Thích Nhất Hạnh oder der Dalai Lama äußerlich den Menschen anderer Religionen gegenüber Respekt und Akzeptanz, ohne dabei ihre Glaubensgrundsätze preiszugeben. In diesem Sinne üben sie Toleranz in der traditionellen Form aus.

Hiervon könnten Christen lernen, denn sie scheinen leichter in eines der beiden Extreme zu verfallen: Entweder sie vertreten einen engen (möglicherweise auch richtigen) dogmatischen Standpunkt und haben dann Berührungsängste gegenüber Menschen anderer Religionen oder – und dazu gehört heute wahrscheinlich die Mehrheit – sie verlieren jeglichen eigenen Standpunkt und lassen sich ahnungslos auf andere Religionen ein.

5 Achtsamkeit und Mitgefühl im Buddhismus

Viele Menschen bekommen den Eindruck, dass manche Buddhisten nicht nur toleranter sind als andere Menschen, sondern auch bessere Werte vertreten. Dazu gehören Werte wie Achtsamkeit, Liebe, Freude, Frieden, Mitgefühl oder Gelassenheit.

Dieser Eindruck trägt zu der oft postulierten Behauptung bei, Buddhisten seien »die besseren Christen«.[63]

63 Z. B. »Sagen Sie mal, Eugen Drewermann ... warum sind Buddhisten die besseren Christen?«, Interview mit Eugen Drewermann in »Focus« 12/1997, S. 104-108.

Die Bedeutung dieser Werte im buddhistischen Kontext und das Motiv zur Durchführung sollten aber näher betrachtet werden. Wir greifen beispielhaft die Werte Achtsamkeit und Mitgefühl heraus.

5.1 Achtsamkeit im Buddhismus

Übungen für Achtsamkeit finden sich besonders im Zen-Buddhismus (einer Strömung des Mahayana-Buddhismus). Eine der bekanntesten Übungen ist vielleicht die japanische Teezeremonie. Von außen betrachtet scheint diese nur eine spezielle Gewohnheit der japanischen Kultur zu sein. Die tiefere Bedeutung liegt jedoch in einer religiösen Übung. Jede Handlung oder Bewegung ist genau vorgeschrieben. Alles soll bewusst wahrgenommen und ausgeführt werden.

Nun können wir in unserer hektischen westlichen Welt tatsächlich einen Mangel an bewusster Wahrnehmung feststellen. In unserem Getriebensein nehmen wir unseren Körper, unsere Gefühle, unseren geistigen Zustand oder auch unser Umfeld kaum mehr richtig wahr. Insofern wäre eine besinnlichere oder bewusstere Haltung in unserem Alltag sicher angebracht.

Für den Zen-Mönch Thích Nhất Hạnh dient das Üben von Achtsamkeit aber nicht nur zur Verbesserung unserer Wahrnehmung, sondern ist vielmehr eine notwendige religiöse Übung auf dem Weg zur Erleuchtung. Er hebt den Wert oder die Qualität der Achtsamkeit besonders hervor. Liebe, Verständnis und Mitgefühl erwachsen seiner Meinung nach aus Achtsamkeit.

Er berichtet, dass eine seiner ersten Übungen zur Achtsamkeit das bewusste Ein- und Ausatmen war. Das bewusste Ein- und Ausatmen, das bewusste Schreiten im Uhrzeigersinn um einen Tempel oder die bewusste Durchführung einer Teezeremonie sollen Körper und Geist aufeinander abstimmen und das Wandern der Gedanken aufhören lassen. Dann befindet man sich in dem bestmöglichen Zustand, um eine Einheitserfahrung zu machen. Laut Thích Nhất Hạnh ist nämlich »Achtsamkeit (…) die Substanz eines Buddhas. Wenn man tief in den gegenwärtigen Augenblick eintritt, sieht man die Natur der Wirklichkeit, und diese Einsicht befreit von Leiden und Unsicherheit.«[64]

Diese Worte klingen besonders für westliche Ohren wunderbar. Es scheint genau das zu sein, was wir brauchen. Die Frage ist aber: Was ist mit der *Substanz eines Buddhas*, mit der *Natur der Wirklichkeit* und mit der *Befreiung von Leiden* gemeint? Der aufmerksame Leser weiß inzwischen sicherlich, dass alle drei Begriffe den Zustand der *Leerheit* beschreiben. So heißt es: »Wir praktizieren achtsame Atmung, um an den Keim der Buddhaschaft in uns zu gelangen.«[65]

Das Erreichen der Buddhaschaft ist Sinn und Zweck der Übungen. Sie sind nicht – wie es den Anschein hat – in erster Linie auf eine Verbesserung der eigenen Lebensqualität oder einen liebevolleren Umgang mit den Mitmenschen oder der Umgebung gerichtet, sondern auf das Ziel der Erleuchtung. Das Üben der Acht-

64 Hạnh, *Buddha und Christus*, S. 39.
65 Ebenda, S. 46.

samkeit beginnt für den Anfänger zwar mit einer besseren Wahrnehmung und einem bewussteren Handeln, soll aber letztlich in die Erleuchtung *(Leerheit)* führen, in der es weder Wahrnehmung noch Bewusstsein gibt. Sie ist die *Natur der Wirklichkeit.*

Im Tantrayana-Buddhismus geht das Praktizieren von Achtsamkeit noch einen Schritt weiter. Der Guru oder Lama wählt für seinen Schüler eine passende Buddhamanifestation und weiht ihn mithilfe eines Rituals in diese ein. Von da an versucht der Schüler sich ganz und gar damit zu identifizieren. In seinen Meditationen, seinem Gehen, seinem Sitzen, Liegen und Handeln achtet er darauf, ganz eins mit ihr zu sein bzw. zu werden, um dadurch das Ziel der Erleuchtung zu erlangen.

5.2 Mitgefühl im Buddhismus

Mitgefühl oder Mitleid ist eine der zentralen Tugenden im Mahayana-Buddhismus. Ich möchte anhand einer Geschichte, die tibetische Lehrer gerne über das Mitgefühl eines Bodhisattva erzählen, erklären, was Buddhisten unter diesem Begriff verstehen.

> Ein Bodhisattva sah einen Hund, der leidend mit einer offenen Wunde am Wegrand lag. Bei näherem Hinsehen entdeckte er, dass die Wunde voller Maden war. Um dem Hund zu helfen, war es nötig, die Wunde von den Maden zu reinigen. Dabei würden jedoch die Maden umkommen, da ihnen ihre Nahrung entzogen würde. Aus Mitgefühl für den Hund und für die Maden entschloss er sich, seinen Ekel

> zu überwinden und den Tieren zu helfen. Er ritzte sich in den Arm, holte mit der Zunge die Maden aus der Wunde und setzte sie in seine eigene Wunde. In diesem Moment soll sein Ich erloschen sein, und er befand sich im Zustand der Erleuchtung.

Das Mitgefühl des Bodhisattva bezieht sich in dieser Geschichte nicht in erster Linie auf die Schmerzen des Hundes oder dessen leidvolle Situation an sich, sondern auf die Gebundenheit des Hundes an diese Welt. Diese wurde durch das Leiden deutlich. Obwohl der Hund – ebenso wie die Maden – die Buddhanatur in sich hatte, war dessen Leben offensichtlich von Unwissenheit geprägt. In den Augen des Bodhisattva brauchte er noch viele Leben, um zu der befreienden Erkenntnis zu kommen, dass alles Sichtbare nur Illusion sei.

Der Bodhisattva sah aber nicht nur die Gebundenheit des Hundes, sondern nahm auch seine eigene Gebundenheit wahr, indem er Ekel verspürte. Der Ekel war noch die Fessel für sein Ich. Als es ihm gelang, seinen Ekel aufzugeben, soll es zu der Auflösung des eigenen »Ichs« im »Nichts« gekommen sein, in dem es weder Ekel noch Glücksgefühle geben soll.

Mitgefühl im Buddhismus richtet sich also nicht direkt auf eine sichtbare Notsituation oder auf das Objekt des Mitgefühls an sich, sondern auf die Erkenntnis des Unerlöstseins dieses Wesens. Die daraus entstehenden Taten, wie z.B. die des Bodhisattva, helfen dem Handelnden, schneller die Erleuchtung zu erlangen. Wenn nun der Dalai Lama über das Thema

»Mitgefühl – Die Quelle des Glücks«[66] referiert, ist es notwendig zu wissen, dass mit dem Wort »Glück« der Zustand der Erleuchtung, *Buddha*, *Nirwana* oder *Leerheit* gemeint ist. Durch Mitgefühl soll dieses »Glück« erlangt werden.

In diesem Sinne ist Mitgefühl – ähnlich, wie es bei der Achtsamkeit der Fall ist – nicht nur eine Tugend, sondern eher eine geistige Übung oder ein Mittel zum Zweck bzw. Ziel.

Auf keinen Fall darf das Üben von Mitgefühl zu enger Vertrautheit führen. Eine Beziehung zum Notleidenden (noch an diese Welt Gebundenen) sollte nicht entstehen, denn dann würde das Ich abhängig von ihm und damit wieder gebunden. Noch nicht einmal Freunde oder Familienmitglieder dürften den ernsthaft Praktizierenden in einem Beziehungsgeflecht binden. Lieber soll er sich schon zu Lebzeiten zu den Toten zählen, indem er sich in Einsiedelei begibt.[67]

Das eigene Ich kann sich nur völlig auflösen, indem ausschließlich an das Wohl (die Erleuchtung) der anderen gedacht wird. Darum sollte jemand, der sich in Mitgefühl übt, sich von eigenem Glück trennen, Fehler anderer auf sich nehmen, andere loben und eigene positive Eigenschaften nicht erwähnen, Selbstgefälligkeit vernichten, nie mit sich zufrieden sein und den Körper nicht umsorgen.[68]

---

66 Titel des öffentlichen Vortrags des Dalai Lama am 7. August 2005 in Zürich.

67 Shāntideva, *Anleitung auf dem Weg zur Glückseligkeit = Bodhicaryāvatāra*, übersetzt von Diego Hangartner (O.W. Barth Verlag, Frankfurt am Main, 2005), S. 179, S. 183, S. 185.

68 Ebenda, S. 221, S. 225.

Somit sind Motivation und Ziel des Mitgefühls – ausgedrückt in guten Gedanken und Handlungen anderen gegenüber – das Erlöschen des eigenen Ichs, verbunden mit dem Wunsch, weitere leidende Wesen in diesen Zustand zu führen.

5.3 Barmherzigkeit im Christentum

Im Gegensatz zu den Werten im Buddhismus sind Werte wie Achtsamkeit und Mitgefühl im Christentum nicht Mittel zur Erlösung, sondern eine Weitergabe der Liebe Gottes. In der Geschichte vom barmherzigen Samariter (Lukas 10,25-37) erläutert Jesus z. B. das christliche Verständnis von Mitgefühl oder Barmherzigkeit. In der Hilfsaktion des Samariters steht dessen Erleuchtung oder Seelenheil überhaupt nicht zur Debatte. Die leidende Person steht im Mittelpunkt. Der barmherzige Akt des Samariters ist eine Reaktion auf die Gefühle seines Herzens gegenüber einer konkreten Notlage. Auf dieser Grundlage sind weltweit aktive diakonische Werke oder Hilfsorganisationen entstanden.

6 Vom inneren Frieden zum Weltfrieden

Dem stressgeplagten und übersättigten westlichen Wohlstandsmenschen scheint der Buddhismus den ersehnten inneren Frieden bieten zu können.

Indem der Dalai Lama 1989 den Friedensnobelpreis bekam, wurde sein lächelndes Gesicht eine Art Hoffnungszeichen für Weltfrieden. Ein Oberrabbiner schlug dem Dalai Lama bei einem Besuch in Jerusalem im Jahr 2006 vor, ob er nicht den Vorsitz einer neu zu gründenden UNO der Religionen übernehmen könne. Aber auch bei dem Thema »Frieden« ahnen die wenigsten, was Buddhisten unter »innerem Frieden« oder »Weltfrieden« verstehen.

Ein Theravada-Buddhist meint, dass innerer Friede dann in einem Menschen einkehre, wenn er sich in dem Zustand des Nirwana aufgelöst habe. Für einen Mahayana-Buddhisten entsteht wahrer Friede, wenn die innewohnende Buddhanatur völlig zum Tragen kommt. Ein Tantrayana-Buddhist will über die Entfaltung der eigenen Buddhanatur hinaus auch diese Welt mit dem Frieden Buddhas durchdringen.

Unsere Welt ist zurzeit von Kriegen und Katastrophen erschüttert. Darum sehnen sich die Menschen nach Frieden. Der Dalai Lama begegnet mit seinen Lehren für den Weltfrieden – durch die er auch gleichzeitig inneren Frieden verspricht – einem der größten Bedürfnisse dieser Zeit.

Mit dem Slogan »Kalachakra für den Weltfrieden« wurde für das elftägige öffentliche Einweihungsritual in das Kalachakra, eine der höchsten Formen des tibetischen Tantra-Buddhismus, in Graz geworben. Kalachakra ist – wie bereits erwähnt – der Name für eine Buddhaform (und kann dem christlichen Sprachgebrauch nach als Gottheit bezeichnet werden) sowie auch für ein Lehrsystem. Dieses Lehrsystem beinhaltet mehr als alle anderen Tantraformen eine umfassende Sicht der Welt.

6.1 Der politische Anspruch im Tantra-Buddhismus

Der politische Anspruch von »Kalachakra für den Weltfrieden« ist dem Schrifttum des Kalachakra zu entnehmen. Darin ist die Rede von einem mächtigen König – »Der Rasende mit dem Rad« *(Rudra Chakrin)*. Das von ihm gehaltene Rad symbolisiert sowohl die Weltherrschaft als auch die (buddhistische) Lehre. Dieser König soll im Jahr 2425 alle Barbaren in einem Weltkrieg besiegen. Dem Schrifttum Kalachakras gemäß sind insgesamt acht Namen erwähnt, die als Leiter der Barbaren bezeichnet werden, darunter sind Adam, Abraham, Mose, Jesus und Mohammed.[69] Diese alle sollen die Lehre von einem unvergänglichen, unabhängigen Gott propagieren[70] und müssen deshalb vernichtet werden.

Der König Rudra Chakrin wird laut den Schriften das Lehrsystem des Kalachakra als Staatsreligion vorschreiben. Politik, Wissenschaft und Religion sollen dann unter der absoluten Herrschaft des Königs und der durch ihn wirkenden Kalachakra-Gottheit stehen.

Das politische Erscheinungsbild der Aggressivität und Kriegsführung des Tantra-Buddhismus wirkt auf westliche Menschen befremdend, da allgemein der Gedanke besteht, der Buddhismus sei eine friedliebende Religion ohne Kriege. Schwerter und andere

---

69 Sri Kalachakra I. 154, übersetzt in: John Ronald Newman, »*The Outer Wheel of Time: Vajrayana Buddhist Cosmology in the Kalachakra Tantra*«, Doktorarbeit (Madison: University of Wisconsin, 1987), S. 594. Diese sind »endowed with tamas in the family of the demonic snakes«. Tamas sind finstere Energien, womit Jesus, Mose und Mohammed ausgestattet sein sollen, und gehören zur Familie der Schlangen.

70 Ebenda, S. 595. Entnommen aus der Übersetzung eines Kommentars auf Sri Kalachakra, genannt Padmini.

mörderische Waffen auf tantrischen Abbildungen werden meistens symbolisch gedeutet und als Waffen gegen Unwissenheit betrachtet.

Aus tantrischer Sicht soll aber nicht nur die Unwissenheit in einem Menschen, sondern auch die Unwissenheit in der Welt vernichtet werden. Das bedeutet, dass letztlich auch Menschen, die Unwissenheit durch (nach buddhistischer Auffassung) *falsche* Lehren – wie z. B. den Glauben an einen Gott – festhalten und verbreiten, bekämpft werden müssen.

In Bhutan, in dem der Vajrayana-Buddhismus Staatsreligion ist, werden Christen verfolgt. Außerdem gibt es noch zwei kommunistische Länder, in denen der Buddhismus trotzdem die wichtigste Religion ist, nämlich Vietnam (Mahayana-Buddhismus) und Laos (Theravada-Buddhismus), wo Christen verfolgt werden.[71]

Zorn und Töten kann aus tantrischer Sicht eine »reine« Motivation haben. Nach dem Motto »Der Zweck heiligt die Mittel« kann aktive Kriegsführung bejaht werden, wenn sie einer weltumfassenden Erleuchtung und der Verbreitung des Buddhismus dient.

6.2 Frieden im Christentum

Wie bei den Anhängern aller Religionen sind leider auch im Namen des Christentums Kriege geführt worden. Die Kreuzzüge sind noch heute eine abschre-

71 Siehe http://de.wikipedia.org/wiki/Weltverfolgungsindex und http://www.opendoors.de/downloads/wvi/wvi_2013.pdf. Im Jahr 2013 waren diese drei Länder unter den 30 Ländern weltweit, in denen Christen am stärksten verfolgt werden (Laos auf Platz 18, Vietnam auf Platz 21, Bhutan auf Platz 28).

ckende Erinnerung an den Machtmissbrauch, den Menschen begingen. Diese Kämpfe und Machtdemonstrationen stehen jedoch im Gegensatz zu der Lehre und dem Leben Jesu.

Im Verhör mit dem römischen Statthalter Pilatus gab Jesus zwar zu, ein König zu sein, machte aber gleichzeitig klar: »Mein Reich ist nicht von dieser Welt« (Johannes 18,36). Die Wahrheit seiner Aussage bewies er damit, dass er seine Diener nicht für sich kämpfen ließ.

Weil Jesu Reich nicht von dieser Welt ist, versprach Jesus keinen Weltfrieden. Er sagte, er sei nicht gekommen, um Frieden zu bringen, sondern das Schwert (Matthäus 10,34ff.). Sogar innerhalb der Familien würde es um seinetwillen Entzweiung geben. Dies sagte er nicht, um zum Kampf aufzufordern, sondern um die Realität der Tatsache zu beschreiben, dass nicht alle sein Angebot, nämlich Versöhnung mit Gott, in Anspruch nehmen würden. Der Frieden, den er brachte, war kein Weltfrieden, sondern Frieden mit Gott. Jesus Christus ist Friedefürst des Friedensreiches Gottes.

7 Ausstrahlung

Viele Menschen haben eine klare Vorstellung davon, wie wahre Christen handeln müssten. Die beiden wichtigsten Kriterien für sie, ob jemand wie ein wahrer Christ handelt, sind:

1. die Umsetzung von bestimmten religiösen, moralischen oder menschlich positiven Werten im praktischen Leben;
2. eine spürbar positive Ausstrahlung.

Mahatma Gandhi sagte einmal, er wäre Christ, wenn die Christen glücklicher aussehen würden. Die Ausstrahlung wird häufig als Maßstab für die Geisteshaltung genommen.

Thích Nhất Hạnh lehrt: »Wenn uns ein Mensch mit einer Überfülle an Liebe und Verständnis begegnet (...), dann wissen wir, dass der Betreffende dem Buddha und Jesus Christus sehr nahe ist.«[72] Für Hạnh sind Buddha und Jesus Menschen, die Werte wie Liebe und Verständnis vertraten und ausstrahlten. Auch Hạnh scheint eine solche Ausstrahlung zu haben, denn Pater Steindl-Rast schreibt über ihn: »Die bloße Gegenwart solcher Menschen rüttelt uns wach und reißt uns aus unserer Selbstgefälligkeit.«[73]

Auf ähnliche Weise wird die Kompetenz des Dalai Lama offensichtlich an seiner Ausstrahlung gemessen. Die »Qualität der Präsenz« des Dalai Lama sei »menschlich, (...) normal, liebevoll, freundlich und vertrauensvoll«[74]. Ausstrahlung zeigt in der heutigen Zeit in erster Linie, ob eine Person in Verbindung mit sich selbst und der richtigen Energie steht. Wirkung und Wahrheit werden oft vorschnell miteinander ver-

72 Hạnh, Buddha und Christus, zitiert aus dem Vorwort von Steindl-Rast, S. 13.
73 Ebenda, S. 13.
74 Laurence Freeman, Einleitung in: Dalai Lama, *Das Herz*, S. 27.

knüpft und einer inhaltlichen Überprüfung der Aussagen vorgezogen.

Nicht nur das Charisma des Dalai Lama führte bei Menschen, die in seine Nähe kamen, zu Aussagen wie: »Er ist praktisch Christus.«[75]

Welche andere Ursache hat seine besondere Ausstrahlung?

7.1 Die Quelle der Ausstrahlung des Dalai Lama

Im System des tibetischen Tantra-Buddhismus wird der Dalai Lama als eine Manifestation oder Inkarnation (fleischliche Darstellung) bestimmter Buddhawesenheiten gesehen. Eine dieser Formen heißt *Avalokiteshvara*, die Buddhaform des Mitgefühls. Diese Buddhaform gilt als einfühlsam und lieblich. Doch hat auch eines ihrer elf Gesichter einen zornigen Ausdruck. Eine andere ist die bereits genannte Form des *Kalachakra* mit ihren vier Gesichtern, von denen zwei friedlich und liebevoll, die anderen beiden zornig und dämonisch sind.

»Als *Avalokiteshvara*« oder »als *Kalachakra*« zeigt der Dalai Lama nach buddhistischem Verständnis die Aspekte dieses Buddhawesens. Während er in der Öffentlichkeit meistens nur die friedlichen Aspekte dieser Wesen sehen lässt, kommen die zornigen Aspekte in internen Kreisen zum Vorschein. Gemäß der Lehre

---

75 Siehe Richard Schneider in »Meeting the Dalai Lama«, http://www3.evergreen.edu/garage/richard/10base-Tibet/thesite/iview810jump6_082697.html: »Well, I've read his works, I've seen him on television in interviews, and what do you say to the head of state? … he's practically Christ. What do you say to Christ when you walk in the door? I was actually dumbfounded.«

sind jedoch beide Aspekte Ausdruck und Kraft dieser Buddhamanifestationen.

Die Quellen der Ausstrahlung des Dalai Lama liegen gemäß dem Tantra-Buddhismus also in den genannten Buddhaformen. Diese Formen sind zwar Inbegriff der Leere, d. h. sie haben keine eigenständige Persönlichkeit, vermitteln aber sehr wohl bestimmte Kräfte, die als Eigenschaften Buddhas gelten. Dass diese Kräfte als christusähnlich eingestuft werden, ist rein subjektiv.

7.2 Der Dalai Lama und Christus

Bei einer solchen Einstufung wie der oben erwähnten wird nach der objektiven Wahrheit über Christus nicht mehr gefragt. Doch erstens gibt es gemäß der Bibel nur einen Christus, der allerdings noch einmal erscheinen wird. Zweitens können Wesen, die eine unpersönliche Kraft darstellen und keinen persönlichen Gott offenbaren, nie christusähnlich sein. Drittens kann jemand, der Gott leugnet – wie der Dalai Lama es tut –, niemals Christus sein.

Wer oder wie Jesus Christus wirklich war, wird kaum mehr geprüft. Natürlich hat er Menschen geheilt und Tote auferweckt. Er war unkonventionell in Bezug auf das religiöse Leben und die gängigen Auffassungen seiner Zeit und scheute sich nicht, die Wahrheit beim Namen zu nennen. Vielleicht hatte er dadurch eine besondere Ausstrahlung für die Menschen seiner Zeit.

Aber nachdem er unmenschlich gegeißelt und ans

Kreuz genagelt wurde, verließen ihn alle, sogar seine Jünger. Dort, wo er das größte Werk der Welt erfüllte, wo er für die Sünde der Welt bezahlte, fehlte jede Ausstrahlung. Jesaja 53,2b beschreibt diesen Umstand in prophetischer Sicht:

> »Er hatte keine Gestalt und keine Pracht; und als wir ihn sahen, da hatte er kein Aussehen, dass wir ihn begehrt hätten.«

Mit dieser Aussage wird Gott in Menschengestalt beschrieben: Er hat keine positive Ausstrahlung, leidet furchtbar und stirbt unter schlimmsten Qualen. Für einen Buddhisten, dessen Ziel die Überwindung allen Leidens im Zustand der Ich-Auflösung ist, ist das unbegreiflich.

8 Leiden im Buddhismus und im Christentum

Das Leiden wird im Buddhismus und im Christentum denkbar unterschiedlich gesehen.

8.1 Leiden im Buddhismus

»Die Tatsache, dass Christus am Kreuz mit dem Ausruf ›Mein Gott, mein Gott, warum hast du mich verlassen?‹ starb, bringt Buddhisten normalerweise dazu, infrage zu stellen, ob Christus selbst die Wahrheit kannte. Ein Mensch, der die Wahrheit kennt, würde friedlich sterben mit einem glücklichen Ausdruck auf seinem Gesicht.«[76] Leid ist für den Buddhisten ein Zeichen des Unerlöstseins. Es soll aus dem Begehren entstehen und die zentrale Krankheit sein, die erkannt und geheilt werden muss.

Die erste Wahrheit des Buddhismus beschreibt diese Krankheit: Das gesamte Dasein ist der Nichtigkeit und dem universalen Leiden unterworfen! Der Buddhismus verzichtet auf den Versuch, dem Leben angesichts des Leidens einen Sinn abzugewinnen. Nur das Erkennen des alles umfassenden Leidens habe einen Sinn, weil es den Menschen ansporne, sich auf den Erlösungsweg zu begeben. Das Leiden selbst sei jedoch sinnlos.

Leiden, so heißt es, sei aufgrund der Auswirkung eines ewigen Kreises gemäß der zyklischen Weltsicht der fernöstlichen Religionen einfach da und habe weder einen Anfang noch ein Ende. Das ganze Streben im Buddhismus ist darauf gerichtet, sich aus dem sinnlosen Daseinszyklus des Werdens und Sterbens zu befreien. Das Leiden kann nicht ausgelöscht werden, es sei denn, man erreichte den Zustand der Erleuchtung. Erst im *Nirwana* erlischt das Leiden mit dem Leben.

Im Gegensatz zu einer Abbildung von Jesu Sterben am Kreuz sieht der Anblick einer Statue eines in sich ruhenden Buddhas sehr ansprechend aus. Der

76 David J. Hesselgrave, *Communicating Christ Cross-Culturally*, 5. Auflage 1981 (Grand Rapids: Zondervan Publishing House, 1978), S. 138. »That Christ died on a cross while raising the anguished cry, ›My God, my God, why hast thou forsaken me?‹ raises for Buddhists a serious question as to whether Christ Himself knew the truth. A man who knows the truth will die peacefully and with happiness apparent in his facial expression.«

Ausdruck der Statue bedeutet aber nichts anderes, als dass Buddha mit der Überwindung des Leidens auch das Leben überwunden habe. Aus diesem Grund zeigt er eine absolute Unerschütterlichkeit[77] und bleibt unberührt von allem Leid – denn eigentlich ist er nicht mehr in dieser Welt.

Erleuchtung bedeutet also für einen Buddhisten: frei vom Leiden und frei vom Leben, aufgelöst zu sein im Nichts – wobei das Nichts das einzig Absolute und die einzige Realität ist.

Da Buddhisten keinen Schöpfer- oder Erlösergott kennen, bleibt ihnen nur das Erkennen des Leidens und der Versuch, durch Rückzug oder Flucht aus dieser Welt das Begehren und das damit verbundene Leiden zu überwinden. Diese Flucht vollzieht sich in der Annahme, dass das Wesen der Welt eine Illusion sei.

8.2 Leiden im Christentum

Dagegen sieht das Christentum diese Welt mit allem, was geschaffen ist, als Realität. In ihr sei zwar Leiden, dies sei jedoch von Anfang an nicht so gewesen. In der Bibel heißt es sogar: »Und Gott sah alles, was er gemacht hatte, und siehe, es war sehr gut« (1. Mose 1,31). Doch dann sei durch den Ungehorsam der ersten Menschen Adam und Eva das geschehen, was wir heute unter dem Begriff »Sündenfall« kennen. Es schien für sie noch

---

77 Nyanatiloka, *Das Wort*, S. 40. »Auch wenn Formen in den Sichtkreis, Töne in den Hörkreis, Düfte in den Riechkreis … (kommen,) so vermögen diese seinen Geist nicht mehr zu fesseln. Sein Geist bleibt unberührt, gefestigt, unerschütterlich, und er erkennt in diesem allem die Vergänglichkeit.«

etwas zu geben, von dem sie meinten, Gott wolle es ihnen anhand der verbotenen Frucht vorenthalten. Das Begehren der Frucht, welches durch das Angebot der Schlange geweckt wurde, war so groß, dass sie zugriffen und aßen. Das Ergebnis war die Vertreibung aus dem Paradies und damit die Trennung von Gott. Was für ein tiefer Fall!!! Denn nun waren sie nicht mehr in der unmittelbaren Nähe Gottes, nun gab es für sie Dornen und Disteln, mühsame Nahrungssuche, wilde Tiere und Naturkatastrophen, Krankheit und Tod. All das kannten sie bis dahin nicht.

Der Ursprung des Leidens in dieser Welt liegt also gemäß dem Christentum im Ungehorsam gegenüber Gott. Die Bibel nennt dies Sünde. So ist für Christen nicht – wie für Buddhisten – das Leiden an sich die »Krankheit«, sondern die Sünde. Das Begehren der Frucht wäre noch keine Sünde gewesen. Die Schuld entstand erst durch das Handeln. So führte die Sünde bzw. der Ungehorsam zur Trennung von Gott und brachte Leid in unsere Welt. Nur von Gott aus konnte diese Trennung wieder aufgehoben werden.

Christen sollten Menschen sein, die verstanden haben, dass ihre Erlösung gerade durch Jesu Leiden zu ihnen gekommen ist. Das Leiden Christi ist ihr Heilmittel und als solches zutiefst sinnvoll. Denn durch das Leiden und Sterben Christi am Kreuz ist ihnen die Vergebung ihrer Sünde zuteilgeworden. Durch die Vergebung sind sie wieder mit Gott versöhnt.

Diese Vergebung steht zwar allen zur Verfügung, ist aber an die Bedingung des Glaubens an Jesu Versöhnungstat geknüpft. Das bedeutet jedoch nicht ein Leben ohne Leiden, denn wenn nun auch der Einzelne von seiner Trennung von Gott durch Jesu Versöhnungstat erlöst ist, lebt er dennoch in einer gefallenen Welt mit allen dazugehörigen Formen des Leidens. Leiden ist jedoch für ihn nicht mehr sinnlos – zum einen, weil Jesus Christus selbst für ihn gelitten hat, zum anderen, weil es ihn herausfordert, seine Hilfe von Gott zu erwarten, sich an ihn zu wenden und auf ihn zu vertrauen. Häufig erkennt er sogar im Leiden eine erzieherische Maßnahme Gottes. So kann es zum Beispiel sein, dass Gott ihn durch eine Notsituation oder durch Krankheit von seinen selbst zurechtgelegten Maßstäben befreien will und ihm helfen will, sich neu auf ihn auszurichten und sich unter seinen Willen zu stellen, mit dem Ziel einer engeren Gemeinschaft mit ihm. Außerdem stellt sich erst im Leiden heraus, ob eine Beziehung wirklich ein Fundament hat.

Gemäß der Bibel sind folgende Punkte Ursachen für das Leiden in dieser Welt:

Leid ist …

1. … eine Folge des allgemeinen Umstands der gefallenen Welt (Krankheit, Tod, Katastrophen);
2. … eine Folge der eigenen Sünde oder der Sünde der Vorfahren (z. B. Beschäftigung mit dem Okkultismus);
3. … eine Erziehungsmaßnahme Gottes, wodurch er (mehr) auf sich und sein Wirken aufmerksam machen will;

4. … als Ergebnis der Nachfolge Christi Verfolgung in unterschiedlichen Formen.

Die ersten drei Ursachen betreffen Nichtchristen wie Christen gleichermaßen.

8.3 Authentizität einer Religion

Bezüglich der Authentizität einer Religion schreibt Peter Hünermann:

> Eine jede Religion ist in dem Maße nicht authentisch, als sie die faktische gegebene Daseinssituation des Menschen mit seinem Leiden in der Welt, mit dem Bösen und dem daraus nochmals resultierenden spezifischen Leiden verkürzt oder verschönt bzw. nicht zur Geltung kommen lassen will. Denn überall, wo solche Verkürzungen und Verdeckungen auftreten, drängt sich unabweislich der Verdacht einer ideologischen Verdrängung der Wirklichkeitsproblematik auf. Hier herrscht menschliches Wunschdenken und inszeniertes Vergessen vor.[78]

Der buddhistische Weg zur Aufhebung des Leidens ist eine Flucht aus der Realität des Daseins, während der biblische Weg zur Überwindung der Sünde dem Leiden einen realistischen Platz im menschlichen Dasein gibt.

78 Peter Hünermann, »Das Leiden und der christliche Glaube«, *Warum Leiden? Die Antwort der Weltreligionen*, herausgegeben von Adel Th. Khoury und Peter Hünermann, Herderbücherei, Band 1383 (Freiburg, Basel, Wien: Verlag Herder, 1987), S. 142.

Der Einfluss des buddhistischen Denkens in den westlichen Ländern in Bezug auf Leiden zeigt sich inzwischen daran, dass es immer mehr als sinnlos eingestuft wird und so schnell wie möglich aufgehoben werden soll.

9 Die Macht Jesu und die Macht des Karma

Jesus Christus sah das Leiden in dieser Welt. Er lehrte nicht nur, dass durch seine Person das Reich Gottes zu den Menschen gekommen sei, sondern bestätigte es auch durch seine Taten. Er heilte, weckte Tote auf, trieb Dämonen aus und hatte Macht über die Naturgewalten.

Diesen Wundern Jesu möchte ich eine Aussage Buddhas gegenüberstellen, welche bereits unter dem Begriff des *Karma* erwähnt wurde:

> Vier Dinge, ihr Mönche, kann *niemand* bewirken, kein Asket, Priester oder *Himmelswesen, kein Gott noch Teufel*, noch irgendeiner in der Welt. Welche vier? Dass das, was dem Verfall unterworfen ist, nicht verfallen möge (...), dass das, was der Krankheit unterworfen ist, nicht erkranken möge (...), dass das, was dem Sterben unterworfen ist, nicht sterben möge (...), dass für jenes böse Wirken (Karma), das befleckende, wiedergebärende, schreckliche, leiderzeugende, von Neuem wieder zu

Geburt, Alter und Sterben führende, keine Frucht erstehen möge.[79]

Buddha nannte das böse Wirken, welches immer wieder neues Leiden hervorbringen würde, das »eiserne Gesetz des Karma«. Das, was Buddha für unmöglich und für ein unwiderrufliches Geschehen des bösen Wirkens *(Karma)* hielt, vollbrachte Jesus fünfhundert Jahre später durch seine Wundertaten.

9.1 Die Macht Jesu über die Sünde

Jesus zeigte durch sein Leben und Sterben, dass er Herr über Krankheit, Leben und Tod und sogar über die widergöttliche unsichtbare Welt ist. Sein Leichnam war nach seinem Tod nicht dem Verfall unterworfen, denn er stand auf von den Toten. Es heißt in Apostelgeschichte 2,31 über ihn, »dass er nicht im Hades (= Totenreich) zurückgelassen worden ist noch sein Fleisch Verwesung gesehen hat«. Dies bestätigte Jesu göttliche Allmacht.

Die Bibel spricht nicht von Karma, sondern von Sünde. Um die Menschen von der Macht der Sünde zu erlösen, hat Gott selbst eingegriffen und in Jesus Christus »selbst unsere Sünden an seinem Leib auf dem Holz getragen (…), damit wir, den Sünden abgestorben, der Gerechtigkeit leben« (1. Petrus 2,24). Der Vers endet mit den Worten: »… durch dessen Striemen ihr heil geworden seid.«

---

79 Nyanatiloka, *Der Weg*, S. 24f.

Dies war nur möglich, weil Jesus Christus als Mensch gewordener Gott ohne Sünde, d. h. nicht von Gott getrennt war. Zu seinen Lebzeiten heilte er zwar viele Leidende, gab aber der Sündenvergebung einen Stellenwert über dem der leiblichen Heilung (Markus 2,7-12), denn die Sünde sei Ursache des weltweiten Leids. Darum soll auch für Christen die Sündenvergebung Priorität über die Heilung der Leiden haben.

10 Buddhismus – eine atheistische Religion?

Leiden bezeugt dem Buddhisten, dass er noch im Kreislauf der Existenzen gefangen und nicht erleuchtet ist. Übungen wie Meditation, Visualisieren oder das Aufsagen bestimmter Mantren schaffen ihm Momente von Erleuchtungserfahrungen. Um das Ziel der Erleuchtung *(Buddha)* aber vollends zu erreichen, befolgt er die dazu vorgeschriebene Lehre *(Dharma)* und begibt sich zusammen mit anderen *(Sangha)* auf den Weg zum Ziel.

Wie bereits am Anfang erwähnt, praktizieren Buddhisten Religion, indem sie sich bemühen, ein außer- oder überweltliches Ziel zu erlangen, welches glückselig sei. Eine tibetische Buddhistin aus Deutschland meinte: »Die Erleuchtung ist Gott!« Die zum Teil verklärten Gesichter einiger Buddhisten und das immer freundliche Lächeln vermitteln den Eindruck einer Seligkeit, die göttlich zu sein scheint.

Um die Frage, ob der Buddhismus atheistisch ist, beantworten zu können, soll die Bedeutung des Begriffs »Gott« definiert werden. Edward Conze unterscheidet drei Bedeutungen[80]:

1. die Gottheit, die entweder als unpersönlich oder als überpersönlich aufgefasst wird (Gott als unpersönliche Kraft);
2. eine Anzahl von Göttern oder Engeln, die sich nicht klar von den Göttern unterscheiden (Gott als »Götter«);
3. der persönliche Gott, der die Welt erschaffen hat (Gott als Schöpfer und Erlöser).

10.1 »Gott als unpersönliche Kraft«

Die gerade zitierte Aussage »Die Erleuchtung ist Gott« ist sicherlich unter dieser erstgenannten Gottesvorstellung einzuordnen. Eine unpersönliche oder überpersönliche Gottheit ist mit dem Zustand des Nirwana, einer Erleuchtungs- oder mystischen Einheitserfahrung gleichzusetzen. Edward Conze behauptet: »Wenn wir die Eigenschaften der Gottheit, wie sie die mystische Tradition der christlichen Lehre versteht, mit denen des Nirwana vergleichen, so finden wir inhaltlich kaum einen Unterschied.«[81]

Der Zen-Meister, Mystiker und Benediktiner Pater Willigis Jäger beschreibt eine Einheitserfahrung *(unio mystica)* folgendermaßen: »Am Ende bleibt weder Ich noch Gott. Alles fließt zusammen in eine umfassende

---

80 Conze, *Der Buddhismus*, S. 35 (dort in anderer Reihenfolge: 3, 1, 2).
81 Ebenda, S. 36.

Einheit.«[82] In dieser Einheit könne der Mensch dann seinen »göttlichen Ursprung erfahren und geneigt sein zu sagen: ›Ich bin Gott‹ ...«.[83] In diesem Zusammenhang zitiert Jäger den mittelalterlichen westlichen Mystiker Meister Eckhart.

»Ich bin Gott«, sagen auch Hindus[84], ja, sogar islamische Mystiker (Sufis) als ein Ergebnis ihrer Erfahrungen. Buddhisten würden ihre Erfahrung nicht *Gott*, sondern *Buddha* nennen.

Wichtigste Merkmale dieser Erfahrung sind das Aufhören jedes Dualitätsempfindens (Gott bzw. Transzendenz / Mensch) und die Auflösung des eigenen Ichs in der Gottheit bzw. einem erleuchteten Zustand.

Im Sinne einer solchen Definition der Gottheit ist der Buddhismus keineswegs atheistisch.

10.2 »Gott als ›Götter‹«

Der historische Buddha hat die Existenz vieler Götter nie völlig abgelehnt. Im Gegensatz zu seinem hinduistischen Umfeld sah er sie zwar als übermenschliche Wesen in einem himmlischen Bereich an, schrieb ihnen aber – trotz einer sehr langen Lebensdauer, die die Götter seiner Auffassung nach hätten – Sterb-

82 Willigis Jäger, »Religiosität ohne Gott – Gespräch mit Zen-Meister Pater Willigis Jäger«, in *Evangelische Kommentare* 4/99, S. 19-22; S. 20.

83 Willigis Jäger, *Wiederkehr der Mystik – Das Ewige jetzt erfahren*, 2. Auflage (Freiburg, Basel, Wien: Herder, 2004), S. 34; »Dieses Wort enthält jedoch keine Arroganz. Darin ist kein Ich. Es ist vielmehr getragen von einer ungeheuren Demut und begleitet vom Bedürfnis, allen Lebewesen zu dieser Erfahrung zu verhelfen.«

84 Ed Viswanathan, Am I a Hindu? The Hinduist Primer, 18. Auflage (New Delhi: Rupa & Co., 2004), S. 279-283.

lichkeit zu. Darum erwiesen die Götter dem Buddha Ehre und stellten Buddhas Einzigartigkeit heraus. »Ein Buddha steht für Buddhisten weit über allen Göttern (…) Einen Buddha vergöttlichen, hieße ihn verniedlichen!«[85]

Einerseits wird die Anbetung der Götter wegen ihrer Vergänglichkeit im Buddhismus strikt abgelehnt und als fehlerhafte Anbetung betrachtet. Andererseits wurden in den Ländern oder Kulturen, in denen der Buddhismus sich verbreitete, deren Götter wie selbstverständlich »adoptiert«. Buddhisten akzeptierten häufig örtliche Götter(-Vorstellungen) und betrachteten sie als hilfreich. So wurden im tibetischen Tantra-Buddhismus bestimmte Götter der damals vorherrschenden Bön-Religion in Buddhamanifestationen umgeändert.

Ähnlich geschieht es nun auch im Westen, wenn der Zen-Mönch Thích Nhất Hạnh den Heiligen Geist in sein buddhistisches Lehrsystem integriert. Durch die Gemeinschaft mit christlichen Mönchen wurde er mit der Lehre der Dreieinigkeit Gottes bekannt. Er empfand eine Ähnlichkeit mit der Wirkung des Buddha und meinte, dass er durch das Üben von Achtsamkeit den Heiligen Geist als Kraft erfuhr. Daraufhin stellte er die Behauptung auf, dass »wir alle den Samen des Heiligen Geistes in uns tragen (…) Wenn wir diesen Samen berühren, können wir Gottvater und Gottsohn berühren.«[86]

85 Payer, »Der Buddhismus«, S. 2.
86 Hạnh, *Buddha und Christus*, S. 38.

Wenn auch die meisten Buddhisten Thích Nhất Hạnhs Aussage nicht zustimmen würden, würden sie die Existenz der Dreieinigkeit (Vater, Sohn und Heiliger Geist) auch nicht leugnen. Diese seien aber drei vergängliche Wesen und wie alle Wesen dem Gesetz von Karma und Wiedergeburt unterlegen. Im Prinzip, so meint der Theravada-Buddhist Alois Payer, hätten wir alle »die Möglichkeit, dereinst zu einer Heiligen Dreifaltigkeit zu werden, wenn wir die karmischen Voraussetzungen dafür erfüllen und die Planstelle gerade frei ist«.[87]

Indem Buddhisten die Götterwelt miteinbeziehen und sogar als unterstützend »adoptieren«, ist der Buddhismus auch in diesem Sinne sicher nicht als atheistisch einzustufen.

10.3 »Gott als Schöpfer und Erlöser«

Das Einzige, was ein Buddhist von Gott oder der Dreieinigkeit leugnen würde, ist Gottes Selbstaussage, ewig, beständig, allwissend und allmächtig zu sein. In diesem Sinne würde er Gott mit dem hinduistischen Schöpfergott Brahma vergleichen, dessen Äußerung »Ich bin der König der Götter, ich bin unerschaffen, ich habe die Welt erschaffen …«[88] er als kindisch und stolz betrachtet.

Wie bereits erwähnt wurde, leugnet der Buddhismus die Existenz eines Schöpfergottes. Statt des Anfangssatzes der Bibel: »Im Anfang schuf Gott die Himmel und die Erde«, würden Buddhisten sagen: »Zur unbestimm-

87 Payer, »Der Buddhismus«, S. 3.
88 Conze, *Der Buddhismus*, S. 36.

ten Zeit entstand alles aus dem Nichts.« Die Frage, wie diese Welt entstanden sei, wird eher als Zeitverschwendung betrachtet. Ein Buddhist bemüht sich lieber darum, den Ausweg aus der leidvollen Welt zu finden.

Wo es keinen Schöpfergott gibt, gibt es natürlich auch keinen Erlösergott. Kein Gott könne die leidenden Wesen aus ihrer Notlage befreien, da sie sich, weil sie sterblich seien, eigentlich in derselben Lage befänden wie alle Wesen – auch wenn sie als Götter kaum litten.

Mit der Ablehnung eines Schöpfer- und Erlösergottes wird auch der persönliche Gott negiert, der u. a. liebt, rettet, führt und schützt.

Der Glaube an einen solchen Gott entspringt nach der Lehre Buddhas der Vorstellung unerleuchteter Herzen. Die Annahme der Existenz des Gottes der Bibel, der sich selbst als allmächtigen Schöpfer und Erlöser offenbart, ist für Buddhisten eines der größten Hindernisse auf dem Weg zur Erleuchtung.

»Gott« sei eine Illusion und müsse wie alle Illusionen zerstört werden. Alle Gedanken eines Buddhisten müssen die eines Gottlosen nach dem biblischen Wort in Psalm 10,4 sein: »Es ist kein Gott!«

Aus dieser Ablehnung heraus ist der Buddhismus in der Tat atheistisch.

10.4 Buddhistische Realität: Kein Schöpfer und kein Geschöpf

Konsequenterweise lehnen Buddhisten nicht nur einen Schöpfer, sondern auch ihre Geschöpflichkeit ab. Da es gemäß ihrer Lehre keinen Verursacher (Schöpfer) für das Leben gibt, kann es infolgedessen auch kein Geschöpf geben.

Alle Wesen seien im Kern leer (ohne eigenständige Existenz) und müssten zu der Erkenntnis kommen, ein »Nicht-Selbst« *(Anatman)* zu sein. Erst darin wäre alles Leid aufgehoben.

Warum ist der Buddhismus nun für viele so attraktiv, ja, attraktiver als das Christentum? Vielleicht hängt es mit der meditativen Erfahrung zusammen, die dann auftritt, wenn der Mensch sich selbst loslässt. Denn der Eindruck des unbekümmerten Loslassens des eigenen Selbst befreit zunächst von einem Gefühl der Schuld und einem lastenden Druck der Verantwortung.

10.5 Realität im Christentum: Schöpfer und Geschöpf in Beziehung zueinander

Das Christentum behauptet: Wir sind Personen, tragen Verantwortung und sind dem realen Schöpfergott gegenüber Rechenschaft schuldig. Aus Sicht der Bibel brauchen Menschen einen Erlöser. Solange sie die gnädige, liebevolle Zuwendung Gottes in Jesus Christus, dem Erlöser, nicht annehmen, lastet Schuld auf ihnen.

Das Ziel des Christentums, nämlich in befreitem Zustand einem realen Schöpfergott entgegenzutreten, steht dem Ziel des Buddhismus diametral gegenüber. Die entscheidende Frage in der Auseinandersetzung zwischen Buddhismus und christlichem Glauben lautet denn auch: Gibt es einen Gott oder nicht? Sind wir demnach von Gott geschaffene individuelle Persönlichkeiten, oder sind wir leer ohne eigenständige Existenz?

Vereinfacht könnte das Welt-, Menschen- und Gottesbild mit den jeweiligen Zielvorstellungen von Buddhismus und christlichem Glauben folgendermaßen ausgedrückt werden:

- Buddhismus: **»Da ist nichts, ich bin für nichts da, und ich bin nicht da.«**
- christlicher Glaube: **»Gott ist da, ich bin für Gott da, und da bin ich bei Gott.«**

Jeder, der sich mit diesen beiden Aussagen auseinandersetzt, wird erkennen, welche Konsequenzen mit diesen unterschiedlichen Zielvorstellungen verbunden sind, und dass es sich hier um zwei absolut unterschiedliche Glaubenssysteme handelt.

Letztlich sind beide Behauptungen in ihrer Tiefe nicht beweisbar, sondern eine Glaubensannahme. Wichtig ist jedoch, die Unterschiedlichkeit beider Glaubensannahmen zu erkennen.

Teil III: Praktische Empfehlungen

1 Kurz gefasst: Was wir über den Buddhismus wissen müssen

- Buddhismus ist nicht nur eine Wissenschaft oder eine Lebensphilosophie, sondern eine Religion, weil Menschen sich bemühen, ein überweltliches Ziel zu erlangen.
- Fernöstliche Buddhisten wissen, dass sie ohne den völligen Einsatz ihrer Person die Erleuchtung überhaupt nicht erlangen können.
- Im Gegensatz zum westlichen Menschen-, Welt- und Gottesbild glauben Buddhisten, dass der Mensch keine Seele habe und er ebenso wie die Welt eine Illusion sei. Ein Schöpfergott wird abgelehnt.
- Da es in der Weltanschauung des Buddhismus keine Verantwortung einem Schöpfergott gegenüber gibt, ist der einzelne Mensch nur sich selbst gegenüber verantwortlich. Dies entspricht dem modernen Individualismus.
- Laut buddhistischer Anschauung bekommt bzw. hat jeder (aufgrund seines Karmas), was er verdient! Diese Anschauung hat weitreichende ethische und soziale Konsequenzen.

2 Fragen an westliche Buddhisten

Westlichen Buddhisten bzw. solchen Menschen, die vom Buddhismus fasziniert sind, aber keine vertiefte Kenntnis der buddhistischen Lehren haben, könnte man mit folgenden Fragen begegnen:

- Wissen Sie, wie radikal der Buddhismus die Existenz eines Schöpfer- oder Erlösergottes ablehnt?
- Haben Sie Zuflucht zu Buddha genommen, eine Einweihung empfangen oder ein Versprechen gegeben? Wenn ja, sind Ihnen die damit verbundenen Pflichten bewusst, und haben Sie sich die genauen Vorschriften zu Herzen genommen?
- Kennen Sie die Konsequenzen, von denen der Buddhismus ausgeht, wenn Sie sich nicht daran halten? Ist Ihnen klar, dass Sie – gemäß den Schriften – sogar bei leichten Verfehlungen in Ihren Praktiken unzählbare Leben in den Höllen verbringen müssen?
- Erleuchtung wird als ein glückseliger Zustand beschrieben. Wissen Sie, dass es in diesem Zustand weder eine Person noch Wahrnehmung, Geist, Bewusstsein oder einen Körper geben soll?
- Im Buddhismus wird immer wieder von der Notwendigkeit gesprochen, den Frieden in sich selbst zu finden. Ist Ihnen bewusst, dass es dabei nicht um den Seelenfrieden der Person an sich geht, sondern dieser »Friede« immer auf die völlige Auflösung des Selbst abzielt?
- Für tibetische Buddhisten bzw. solche, die vom Dalai

Lama fasziniert sind: Haben Sie schon einmal die Texte der tantrischen Rituale gelesen? Wenn ja, ist Ihnen aufgefallen, wie lebensverachtend und lebensverneinend diese Texte sind?

3 Aufklärung für fernöstliche Buddhisten

- Eine Begriffsklärung ist vorab zwingend erforderlich: Gott ist *kein anderer Name für Buddha*. Gott ist *kein Zustand* und keine unpersönliche Kraft, sondern eine Person. Er ist *kein Gott im buddhistischen Sinne*, denn er ist nicht sterblich, sondern hat alles geschaffen. Von *ihm* geht die Erlösung aus.
- Jesus ist nicht mit einem Bodhisattva gleichzusetzen. Während ein Bodhisattva nur so lange hilft, bis sein Leben im Nirwana erlischt, ist Jesus der Erlöser in Ewigkeit. Die Heilige Schrift sagt, dass er bereits da war, als noch nichts existierte.
- Der Buddhismus sieht die Welt und alle Wesen als Illusion. Das Christentum sieht sie als Realität, nämlich als Schöpfung und Geschöpfe Gottes.
- Liebe, Friede, Mitgefühl, Freude, Disziplin werden im Buddhismus angestrebt, um sich und anderen zu helfen, die Erleuchtung zu erlangen. Christen bekommen sie aufgrund ihrer Beziehung zu Jesus Christus geschenkt und sollten sie ohne einen persönlichen Nutzen (und schon gar nicht, um sich ihre eigene Erlösung damit zu verdienen) weitergeben.

- Buddhisten müssen, um die Erleuchtung zu erlangen, nicht nur viele gute Werke tun, sondern haben auch (rituelle) Opferpraktiken, um ihr Karma zu verbessern. Beachten Sie bitte, wie schwer es für Sie persönlich ist, dem Maßstab der vorgeschriebenen Regeln gerecht zu werden, und dass das negative Karma trotz vieler guter Werke nicht erlischt. Gott weiß, und auch Christen wissen, dass Menschen den Maßstäben Gottes nicht gerecht werden können, darum hat Gott sich erbarmt und hat sich in der Gestalt von Jesus Christus inkarniert. Er hat sich bewusst ans Kreuz schlagen lassen, um alle Verfehlungen der Menschen auf sich zu nehmen. Damit hat er selbst das Opfer für die gesamte Menschheit gebracht. Jeder, der dies glaubt und für sich persönlich in Anspruch nimmt, ist erlöst.
- Wären Sie bereit, Geschichten von Buddhisten zu lesen, die Vergebung ihrer Sünde erfuhren und Christen geworden sind?

4 Denkanstöße für Christen

- Der westlichen Christenheit fehlt es zunehmend an christuszentrierter Identität. Während Christus zu Gott dem Vater führen will, werden ahnungslose Christen durch die Hinzunahme östlicher spiritueller Praktiken dazu verführt, sich in Richtung Buddha zu bewegen.

- Im christlich-buddhistischen Dialog dürfen Inhalte wie Gott, Jesus Christus, Sünde, Gnade, Vergebung und Erlösung nicht gemieden werden.
- Im Gegensatz zum rührungslosen lächelnden Buddha berührt der leidende Christus am Kreuz vielmehr die reale Notlage unserer Welt. Er identifiziert sich mit Sünde, Krankheit und Tod und zeigt Gottes Barmherzigkeit gegenüber den Schwachen.
- Viele Buddhisten setzen ihre ganze Kraft ein, um sich ihrem ungewissen Ziel anzunähern. Inwieweit sind wir Christen noch bereit, Gott aus ganzem Herzen, aus ganzer Seele, aus ganzem Verstand und aus ganzer Kraft zu lieben (Markus 12,30) und Jesus Christus mit allen Konsequenzen nachzufolgen?

5 Tipps für engagierte Christen

Engagierte Christen sollten …

- … den Dialog und die Diskussion nicht scheuen und sich über die *Unterschiede* zwischen Buddhismus und christlichem Glauben *informieren.*
- … an magischen Ritualen, wie z. B. einer Kalachakra-Einweihung, nicht teilnehmen. Stattdessen sollten sie die Hintergründe und Bedeutungen der buddhistischen Rituale transparent machen.
- … ihr Leben überprüfen und bereit sein, sich in das Licht Gottes zu stellen und davon verändern zu lassen. Ihr Leben sollte davon sprechen, wer Christus ist.

- … sich von der Ausstrahlung und Freundlichkeit vieler Buddhisten nicht blenden lassen. Das bewusste Lächeln soll u. a. dazu dienen, den (eigenen) Geist friedlich zu stimmen und schneller zur Erleuchtung zu kommen.
- … Mut haben, ihr Gebet für die Leiden, Bedürfnisse oder Nöte von Buddhisten anzubieten.
- … erzählen, was ihnen ihr Leben als Christ bedeutet, welche (Gebets-)Erfahrungen und Veränderungen sie durch Jesus Christus erlebt haben. Erfahrungen sind wichtig!
- … nach »Verständnisbrücken« suchen. Das Mitgefühl Buddhas kann als Aufhänger für die Liebe Christi genommen werden. Ausgehend vom buddhistischen Konzept des »inneren Friedens« kann der Friede Gottes, der allen Verstand übersteigt, erklärt werden, etc.
- … Begriffe wie Gott (ewiger Schöpfer), Mensch (Geschöpf), Welt (Schöpfung), Beziehung und Liebe (zwischen Gott und Menschen sowie zwischen Menschen), Erlösung (durch den Sohn Gottes), Sünde (Trennung von Gott), etc. erklären.
- … wissen, dass nachdem ein Buddhist sich entschieden hat, Christ zu werden, es noch vieler Aufklärung und Gebet bedarf, bis sich sein Leben an das völlig neue Denken und Leben gewöhnt hat. Das gemeinsame Studieren der Bibel ist dabei absolut notwendig.

6 Weblinks, Literaturhinweise und Statistik

(Die Weblinks wurden bei Redaktionsschluss im Januar 2014 überprüft. Zwischenzeitliche Änderungen vorbehalten.)

6.1 Buddhisten in Deutschland

- Deutsche Buddhistische Union (DBU). http://www.buddhismus-deutschland.de/
- Dr. Baumann, Martin, »Buddhismus in Deutschland – Geschichte und Gegenwart«. Veröffentlicht in: http://www.tibet.de/tib/tibu/1998/tibu47/47christ.html
- Religionen in Deutschland: Mitgliederzahlen. REMID Religionswissenschaftlicher Medien- und Informationsdienst e.V. – Zahlen zum Buddhismus in Deutschland: http://www.remid.de/statistik#buddhismus.

Die aktuelle Zahl der Buddhisten in Deutschland beruht auf Schätzungen der DBU: 140 000, davon aus Vietnam: 60 000; aus Thailand: 40 000; aus weiteren Ländern Asiens: 40 000.

6.2 Buddhisten in der Schweiz

Schweizerische Buddhistische Union (SBU). http://www.sbu.net/

6.3 Buddhisten in Österreich

Österreichische Buddhistische Religionsgesellschaft (ÖBR). http://www.buddhismus-austria.at/
1983 wurde der Buddhismus vom Staat als Religionsgemeinschaft anerkannt. Es ist zu beachten, dass Freikirchen diesen Status in Österreich erst seit 2013 haben.

6.4 Buddhismus in Europa in Zahlen

http://www.e-b-u.org/de/buddhism/buddhism-europe/
Eine Schätzung von 2005 der Buddhisten in Europa (ohne Russland) beträgt etwa 2 000 000:
http://www.wat-lao.org/PDFs/Bibliothek/Francesco%20Ficicchia/Francesco%20Ficicchia%20-%20Buddhismus%20in%20Zahlen.pdf

6.5 Missionarischer Zweig des Buddhismus

Der Däne Ole Nydahl gründete mehr als 600 (Vajrayana-) buddhistische Zentren in Europa und Amerika; siehe http://diamantweg.de/

6.6 Wie Christen mit Buddhisten sprechen

Halverson, Dean C. (Hrsg.), *Weltreligionen im Überblick*, übersetzt von Herta Martinache. Holzgerlingen: SCM Hänssler, 2003, S. 67-86.

Hesselgrave, David J., *Communicating Christ Cross-Culturally.* 5. Auflage 1981, Grand Rapids: Zondervan Publishing House, 1978.

Moritzen, Niels-Peter, *Kennen Sie Buddhisten? Was Christen vom Buddhismus halten.* Neukirchen-Vluyn: Aussaat, 1999.

Tsering, Marku, *Sharing Christ in the Tibetan Buddhist World*, 2. Auflage, Upper Darby: Tibet Press, 1993.

6.7 Wie Buddhisten Christen wurden

Baker, Esther, *Ich war eine buddhistische Nonne.* Basel: Brunnen Verlag, 2011.

Hale, Thomas, *A Light Shines in Asia – A Journey into the Tibetan World.* Pasadena: William Carey Library, 2000.

Heiner, Wolfgang, *Warum unbedingt Jesus? Das Evangelium von Jesus Christus im Vergleich mit den Weltreligionen.* Holzgerlingen: Hänssler, 1999, S. 147-149.

Kamphuis, Martin, *Ich war Buddhist.* 7. Auflage, Basel: Brunnen Verlag, 2000.

6.8 Basiswissen zum Buddhismus

http://www.buddhismus-deutschland.de/dbu/frameset.php

Conze, Edward, *Der Buddhismus. Wesen und Entwicklung.* 10. unveränderte Auflage, Stuttgart, Berlin, Köln: Kohlhammer, 1995.

Mai, Gottfried, *Buddha. Die Illusion der Selbsterlösung.* 2.Auflage, Berneck: Schwengeler, 1989.

Notz, Klaus-Josef (Hrsg.), *Das Lexikon des Buddhismus A-M und N-Z.* Freiburg im Breisgau: Herder, 1998.

Nyanatiloka, *Der Weg zur Erlösung: In den Worten der buddhistischen Urschriften.* Ausgewählt, übersetzt und erläutert von Nyanatiloka. Buddhistische Handbibliothek, Band 8, Konstanz: Verlag Christiani, 1956.

Nyanatiloka, *Buddhistisches Wörterbuch.* Buddhistische Handbibliothek, Band 3, Zweite revidierte Auflage, Konstanz: Verlag Christiani, 1976.

Nyanatiloka, *Das Wort des Buddha.* Buddhistische Handbibliothek, Band 1, Vierte revidierte Auflage, Konstanz: Verlag Christiani, 1978.

Seewald, Rudolf, *Buddha – Welterlöser? Wegsuche Fernöstlich.* Hard (Vorarlberg): Hecht-Verlag, 2004.

6.9 Mahayana-Buddhismus

Hangartner, Diego (Übersetzer), *Shāntideva, Anleitung auf dem Weg zur Glückseligkeit = Bodhicaryāvatāra.* Frankfurt am Main: O. W. Barth Verlag, 2005.

6.10 Tibetischer (Tantra-)Buddhismus

Berzin, Alexander, *Kalachakra. Das Rad der Zeit. Geschichte, Wesen und Praxis des bedeutendsten tantrischen Initiationsrituals des tibetischen Buddhismus,* übersetzt von Wolfgang Exler. Bern, München, Wien: O. W. Barth, 2002.

6.11 Esoterik und Hinduismus

Chopra, Deepak, *How to Know God. The Soul's Journey into the Mystery of Mysteries.* New York: Harmony Books, 2000.

Cumbey, Constance, *Die sanfte Verführung. Hintergründe und Gefahren der New-Age-Bewegung,* übersetzt von Christiane Bartning-O'Brien. Aßlar: Gerth Medien, 1986.

Groothuis, Douglas, *Revealing the NEW AGE JESUS. Challenges to Orthodox Views of Christ*. Downers Grove: InterVarsity Press, 1990.

Jäger, Willigis, *Wiederkehr der Mystik. Das Ewige jetzt erfahren*, 2. Auflage, Freiburg, Basel, Wien: Herder, 2004.

Viswanathan, Ed, *Am I a Hindu? The Hinduist Primer*, 18. Auflage, New Delhi: Rupa & Co., 2004.

Wilber, Ken, *Halbzeit der Evolution. Der Mensch auf dem Weg vom animalischen zum kosmischen Bewusstsein. Eine interdisziplinäre Darstellung der Entwicklung des menschlichen Geistes*. Bern: Scherz Verlag, 1987.

6.12 Dalai Lama

Dalai Lama, *Das Herz aller Religionen ist eins. Die Lehre Jesu aus buddhistischer Sicht*, übersetzt von Michael Wallossek. München: Goldmann Verlag, 1999.

Dalai Lama, *Der Weg zum Glück. Sinn im Leben finden*, herausgegeben von Jeffrey Hopkins, übersetzt von Johannes Tröndle. Freiburg im Breisgau: Verlag Herder, 2002.

6.13 Kritisch zum Dalai Lama

Goldner, Colin. *Dalai Lama. Fall eines Gottkönigs*. Aschaffenburg: Alibri 1999.

Trimondi, Victor und Victoria. *Der Schatten des Dalai Lama. Sexualität, Magie und Politik im tibetischen Buddhismus*. Düsseldorf: Patmos Verlag, 1999. (auch www.trimondi.de)

Waldvogel-Frei, Bruno, *Das Lächeln des Dalai Lama … und was dahintersteckt.* Witten: SCM R. Brockhaus, 2009.

6.14 Thích Nhất Hạnh

Hạnh, Thích Nhất, *Buddha und Christus heute. Eine Wahrheit – zwei Wege*, übersetzt von Clemens Wilhelm. 3. Auflage, München: Goldmann, 1999.

Hạnh, Thích Nhất, *Meditationen zu »Lebendiger Buddha, lebendiger Christus«*, übersetzt von Susanne Kahn-Ackermann. München: Goldmann, 2001.

6.15 Buddhisten im Westen

Evangelische Zentralstelle für Weltanschauungsfragen Berlin. Dehn, Ulrich. Januar 2005.
http://www.ekd.de/ezw/Lexikon_111.php

Diverse »STERN«-Artikel über den Buddhismus, z. B. Artikel vom 10. 02. 2004: »Wegbereiter des Buddhismus in Deutschland«, http://www.stern.de/kultur/buecher/geschichte-wegbereiter-des-buddhismus-in-deutschland-520098.html?eid=519926

www.buddha-heute.de

6.16 Weitere Literatur zum Thema Buddhismus und Esoterik von dem Autor

Kamphuis, Martin und Elke, *Buddhismus auf dem Weg zur Macht?* 3. überarbeitete Auflage, Bielefeld: CLV, 2007.

Kamphuis, Martin, *Ich war Buddhist.* 7. Auflage, Basel: Brunnen Verlag, 2000.

Kamphuis, Elke und Martin, »Buddhismus oder Christus?« Schweizerische Evangelische Allianz (SEA-) Dokumentation, Stellungnahme Nr. 43: http://www.each.ch/sites/default/files/Dalai%20Lama%20Buddhismus%20Druckversion.pdf

Kamphuis, Martin und Elke, *Spirituelle Kräfte des Neuen Zeitalters – von der Wirklichkeit Gottes und der Gefahr kosmischer Kräfte.* 3. Auflage, Herborn: Leuchtturm Verlag, 2010.

Informationen zum Autor / Vorträge: www.gateway-ev.de

6.17 Buddhismus und Wissenschaft

Doepke, Michaela, Interview mit Prof. Trinh Xuan Thuan: »Wissenschaft und Buddhismus – zwei Fenster zur Wirklichkeit«: http://www.tibet.de/index.php?id=58&tx_ttnews%5Btt_news%5D=161&no_cache=1, Artikel aus »Tibet und Buddhismus«, Ausgabe 66, Juli – September 2003.

6.18 Buddhismus und Christentum – Leiden

Hünermann, Peter, »Das Leiden und der christliche Glaube« in: *Warum Leiden? Die Antwort der Weltreligionen*, herausgegeben von Adel Th. Khoury und Peter Hünermann. Herderbücherei, Band 1383, Freiburg, Basel, Wien: Verlag Herder, 1987, S. 131-158.

Khoury, Adel Th. und Hünermann, Peter (Hrsg.), *Warum Leiden? Die Antwort der Weltreligionen.* Herderbücherei, Band 1383. Freiburg, Basel, Wien: Verlag Herder, 1987.

Mensching, Gustav, *Buddha und Christus. Ein Vergleich.* Stuttgart: Deutsche Verlags-Anstalt, 1978.

Schmidt-Leukel, Perry (Hrsg.), *Die Idee der Reinkarnation in Ost und West.* München: Eugen Diederichs Verlag, 1996.

6.19 Christenverfolgung in buddhistischen Ländern

Im Weltverfolgungsindex stehen buddhistische Länder wie Laos, Vietnam, Bhutan:
http://www.opendoors.de/downloads/wvi/wvi_2013.pdf.

6.20 Theravada-Buddhismus

http://www.theravadanetz.de

Payer, Alois, »Der Buddhismus – eine atheistische Religion«. Vortrag auf Einladung der Deutsch-Indischen Gesellschaft in Bonn am 17.3.1995. http://www.payer.de/einzel/buddhath.htm, Fassung vom 20.12.1995.

6.21 Buddhistischer Einfluss auf christliches Gebet und Meditation

http://www.lighthousetrailsresearch.com/buddhism.htm (Artikel »Buddhism: Doorway to Contemplative Prayer«).

http://www.lighthousetrailsresearch.com/merton.htm (Artikel über den Einfluss von Pater Thomas Merton).

6.22 Religion(en) allgemein

http://www.religionfacts.com/buddhism/index.htm

Halverson, Dean C. (Hrsg.), *Weltreligionen im Überblick*, übersetzt von Herta Martinache. Holzgerlingen: SCM Hänssler, 2003.

Metz, Wulf (Hrsg. und Übersetzer), *Handbuch Weltreligionen.* (Hrsg. der englischsprachigen Ausgabe: R. Pierce Beaver) 5. Auflage, Wuppertal: SCM R. Brockhaus, 2003.

Smart, Ninian, *Die großen Religionen*, übersetzt von Eva Gärtner. München: Georg Müller Verlag, 1981; Universitas Verlag, 1988.

7 Bibliografie

Badewien, Jan, *Reinkarnation – Treppe zum Göttlichen?* Reihe Apologetische Themen, herausgegeben von Werner Thiede, Band 5. Konstanz: Friedrich Bahn Verlag, 1994.

Bechert, Heinz, »Buddhismus«, in: *Taschenlexikon Religion und Theologie.* Vierte, neu bearbeitete und stark erweiterte Auflage, Band 1: A-D. Göttingen: Vandenhoeck & Ruprecht, 1983, S. 202-218.

Berzin, Alexander, *Kalachakra. Das Rad der Zeit. Geschichte, Wesen und Praxis des bedeutendsten tantrischen Initiationsrituals des tibetischen Buddhismus*, übersetzt von Wolfgang Exler. Bern, München, Wien: O. W. Barth, 2002.

Brockhaus Enzyklopädie in 24 Bänden. 19. völlig neu bearbeitete Auflage, Mannheim: Brockhaus, 1991.

Chopra, Deepak, *How to Know God. The Soul's Journey into the Mystery of Mysteries.* New York: Harmony Books, 2000.

Conze, Edward, *Der Buddhismus. Wesen und Entwicklung.* 10. unveränderte Auflage, Stuttgart, Berlin, Köln: Kohlhammer, 1995.

Cumbey, Constance, *Die sanfte Verführung. Hintergründe und Gefahren der New-Age-Bewegung*, übersetzt von Christiane Bartning-O'Brien. Aßlar: Gerth Medien, 1986.

Dalai Lama, *Das Herz aller Religionen ist eins. Die Lehre Jesu aus buddhistischer Sicht*, übersetzt von Michael Wallossek. München: Goldmann Verlag, 1999.

Dalai Lama, *Der Weg zum Glück. Sinn im Leben finden*, herausgegeben von Jeffrey Hopkins, übersetzt von Johannes Tröndle. Freiburg im Breisgau: Verlag Herder, 2002.

Fruchtenbaum, Arnold G., *Handbuch der biblischen Prophetie*, übersetzt von Joachim Hoene. Aßlar: Gerth Medien, 1994.

Groothuis, Douglas, *Revealing the NEW AGE JESUS. Challenges to Orthodox Views of Christ*. Downers Grove: InterVarsity Press, 1990.

Hạnh, Thích Nhất, *Buddha und Christus heute. Eine Wahrheit – zwei Wege*, übersetzt von Clemens Wilhelm. 3. Auflage, München: Goldmann, 1999.

Hạnh, Thích Nhất, *Meditationen zu »Lebendiger Buddha, lebendiger Christus«*, übersetzt von Susanne Kahn-Ackermann. München: Goldmann, 2001.

Hesselgrave, David J., *Communicating Christ Cross-Culturally.* 5. Auflage 1981, Grand Rapids: Zondervan Publishing House, 1978.

Hünermann, Peter, »Das Leiden und der christliche Glaube«, in: *Warum Leiden? Die Antwort der Weltreligionen*, herausgegeben von Adel Th. Khoury und Peter Hünermann. Herderbücherei, Band 1383. Freiburg, Basel, Wien: Verlag Herder, 1987, S. 131-158.

Kotsch, Michael, *Chinesische Medizin I und II*, Reihe Aufklärung, Band 42 und 43. Lage: Lichtzeichen Verlag, 2000.

Mai, Gottfried, *Buddha. Die Illusion der Selbsterlösung.* 2. Auflage, Berneck: Schwengeler, 1989.

McDowell, Josh und Hostetler, Bob, *Die neue Toleranz.* Bielefeld: CLV, 1999.

Meier, Erhard, »Die Haltung des Buddhismus zur Leidensfrage«, in: *Warum Leiden? Die Antwort der Weltreligionen*, herausgegeben von Adel Th. Khoury und Peter Hünermann. Herderbücherei, Band 1383, Freiburg, Basel, Wien: Verlag Herder, 1987, S. 44-73.

Mensching, Gustav, *Buddha und Christus. Ein Vergleich.* Stuttgart: Deutsche Verlags-Anstalt, 1978.

Moritzen, Niels-Peter, *Kennen Sie Buddhisten? Was Christen vom Buddhismus halten.* Neukirchen-Vluyn: Aussaat, 1999.

Notz, Klaus-Josef, »Samsara«, in: *Lexikon des Buddhismus N-Z.* Freiburg im Breisgau: Herder, 1998, S. 395f.

Notz, Klaus-Josef (Hrsg.), *Das Lexikon des Buddhismus A-M und N-Z.* Freiburg im Breisgau: Herder, 1998.

Nyanatiloka, *Der Weg zur Erlösung: In den Worten der buddhistischen Urschriften.* Ausgewählt, übersetzt und erläutert von Nyanatiloka. Buddhistische Handbibliothek, Band 8, Konstanz: Verlag Christiani, 1956.

Nyanatiloka, *Buddhistisches Wörterbuch*, Buddhistische Handbibliothek, Band 3, Zweite revidierte Auflage, Konstanz: Verlag Christiani, 1976.

Nyanatiloka, *Das Wort des Buddha*, Buddhistische Handbibliothek, Band 1, Vierte revidierte Auflage, Konstanz: Verlag Christiani, 1978.

Payer, Alois, »Der Buddhismus – eine atheistische Religion«, Vortrag auf Einladung der Deutsch-Indischen Gesellschaft in Bonn am 17. 3. 1995, auf der Website http://www.payer.de veröffentlicht. Fassung vom 20. 12. 1995.

Scherft, Tonny, *Ongrijpbaar is de Ganges.* Geschichten aus dem Pali übersetzt und eingeleitet. De oosterse Bibliotheek, Deel 18, Amsterdam: Meulenhoff, 1981.

Schmidt-Leukel, Perry, »Amida«, »Amida-Buddhismus« sowie »Reines Land«, in: *Lexikon des Buddhismus A-M und N-Z.* Freiburg im Breisgau: Herder, 1998, S. 40-42, S. 379.

Schmidt-Leukel, Perry (Hrsg.), *Die Idee der Reinkarnation in Ost und West.* München: Eugen Diederichs Verlag, 1996.

Schumann, Hans Wolfgang, »Seelensucher gegen Seelenleugner. Die Wiedergeburtslehren der indischen Religionen«, in: Schmidt-Leukel, *Die Idee der Reinkarnation in Ost und West.* München: Eugen Diederichs Verlag, 1996, S. 14-28.

Smart, Ninian, *Die großen Religionen*, übersetzt von Eva Gärtner. München: Georg Müller Verlag, 1981; Universitas Verlag, 1988.

Stevenson, Ian, *Reinkarnation. Der Mensch im Wandel von Tod und Wiedergeburt. 20 überzeugende und wissenschaftlich bewiesene Fälle*, Freiburg im Breisgau: Aurum Verlag, 1976.

Stevenson, Ian, *Twenty Cases Suggestive of Reincarnation.* 2. überarbeitete Auflage, Charlottesville: 1974.

Waldvogel-Frei, Bruno, *Das Lächeln des Dalai Lama … und was dahintersteckt.* Witten: SCM R. Brockhaus, 2009.

Wilber, Ken, *Halbzeit der Evolution. Der Mensch auf dem Weg vom animalischen zum kosmischen Bewusstsein. Eine interdisziplinäre Darstellung der Entwicklung des menschlichen Geistes.* Bern: Scherz Verlag, 1987.

Yancey, Philip, *Where Is God When It Hurts?* New York, Grand Rapids: Zondervan, 1977.

Zander, Helmut, *Geschichte der Seelenwanderung in Europa. Alternative religiöse Traditionen von der Antike bis heute.* Darmstadt: Wissenschaftliche Buchgesellschaft, 1999.